构建"三生教育"课堂

走进健康与学科融合的新时代教育

郭文颖 主编　　汪新华 副主编

天津社会科学院出版社

图书在版编目（ＣＩＰ）数据

构建"三生教育"课堂：走进健康与学科融合的新时代教育/郭文颖主编 . -- 天津：天津社会科学院出版社，2021.6

ISBN 978-7-5563-0734-0

Ⅰ . ①构… Ⅱ . ①郭… Ⅲ . ①素质教育—教学研究—中学 Ⅳ . ① G630

中国版本图书馆 CIP 数据核字 (2021) 第 111766 号

构建"三生教育"课堂：走进健康与学科融合的新时代教育
GOUJIAN "SANSHENGJIAOYU" KETANG: ZOUJIN JIANKANG YU XUEKE RONGHE
DE XINSHIDAI JIAOYU

出版发行：天津社会科学院出版社
地　　址：天津市南开区迎水道 7 号
邮　　编：300191
电话 / 传真：（022）23360165（总编室）
　　　　　　（022）23075303（发行科）
网　　址：www.tass-tj.org.cn
印　　刷：北京建宏印刷有限公司

开　　本：787×1092 毫米　1/16
印　　张：13.25
字　　数：180 千字
版　　次：2021 年 6 月第 1 版　2021 年 6 月第 1 次印刷
定　　价：68.00 元

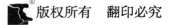

我为天津市第五中学的"三生教育"点赞

2020年,疫情来袭,正常的教育教学秩序被打乱,"停课不停学"成为新的教学方式,许多新情况、新问题前所未见。天津市第五中学的领导和老师们运用充满教育智慧的"三生教育"课堂应对,科学施教,取得了很好的教育效果。

何谓"三生教育"?"三生教育"即生命教育、生存教育和生活教育。仔细分析便可得知,三者之间具有一定的逻辑关系,其中生命教育是前提,生存教育是关键,生活教育则是目的。

生命教育的提出和发展经历了一个比较长的历史过程。1968年,美国学者杰·唐纳·华特士首次明确提出生命教育思想。之后,美国加州阿南达学校开始倡导和践行生命教育思想。1976年,美国有1500所中小学开设了生命教育课程,20世纪90年代,美国中小学的生命教育基本普及。随后,日本、英国等国家和地区开始竭力倡导生命教育,建立各种学术团体,着手对生命教育开展研究。中国2010年颁发的《国家中长期教育改革和发展规划纲要(2010—2020年)》明确指出,要"重视安全教育、生命教育、国防教育、可持续发展教育"。这一纲领性文件的贯彻实施,使得我国学校的生命教育有了一个良好的开端。

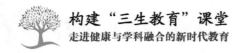
什么是生命教育？中国人力资源和社会保障部就业培训技术指导中心于2012年5月推出的职业培训课程"生命教育导师"中指出：生命教育，即直面生命和人的生死问题的教育，其目标在于使人们学会尊重生命、理解生命的意义以及生命与天人物我之间的关系，学会积极地生存、健康地生活与独立地发展，并通过彼此间对生命的呵护、记录、感恩和分享，由此获得身心灵的和谐，事业成功，生活幸福，从而实现自我生命的最大价值。这一定义全面而完整，对我们理解生命教育很有助益。我们认为，"三生教育"中，生命教育是前提。没有生命，一切都无从谈起，一切都没有意义。生命对于人，对于自然甚至对于宇宙都意义重大，生命教育应该成为学校重要的必修课。

如何进行生命教育？生命教育应该能够帮助学生认识生命，珍爱生命，尊重生命，绽放生命。首先，认识生命。生命教育要让学生了解，人的生命具有多重属性，其中最主要的是自然属性和社会属性，社会属性是人最根本的属性。天津市第五中学抓住了教育契机，通过"三生教育"和云课堂等方式让学生感受到生命的意义。其次，珍爱生命。我们要让学生知道，生命对于人而言只有一次，不论贫富，概莫能外。所以，生命高于一切，弥足珍贵。帮助学生理解这些，学生就会自觉地提高安全防范意识。再有，尊重生命。我们要让学生理解，每个人的生命都是平等的，都应该受到尊重。我们每个人不仅需要尊重自己的生命，还要学会尊重他人乃至其他物种的生命。尊重生命的教育使得学生充分理解了天人合一、人我合一、身心合一的现实意义和长远意义。最后，要绽放生命。我们要让学生懂得，人的生命可以分为三种形态：一是人的生物性生命，二是人的精神性生命，三是人的价值性生命。天津市第五中学卓有成效地开展课程建设和学科教学活动，教师们结合学科特点给学生们讲口罩的使用、病毒的知识、核酸的功能、防疫的常识、生命的原理,讲科技的作用、责任的担当、制度的优势、文化的力量,让学生在战胜病毒中懂得如何保护自己的生物性生命,如何升华自己的精神性生命,如何绽放自己的价值性生命。

1972年,埃德加·富尔任主席的国际教育发展委员会向联合国教科文组织提交了题为"学会生存:教育世界的今天和明天"的调研报告,供联合国教科文组织及其成员国在制定教育政策时参考。该报告发表后迅速产生重要的影响,两年内相继被译成33种文字在世界各国出版发行,成为20世纪最具影响力的教育著作之一。自此,生存教育开始受到重视。

什么是生存教育?有专家给出了明确的定义:生存教育就是通过开展一系列与生命保护和社会生存有关的教育活动和社会实践活动,向受教育者系统传授生存的知识和经验,有目的、有计划地培养学生的生存意识、生存能力和生存态度,树立科学的生存价值观,从而促进个性自由全面健康发展,实现人与自然的和谐统一的过程。我们认为,"三生教育"中,生存教育是关键。没有高质量的生存,生命就会枯萎、凋零。

如何进行生存教育?从定义中我们不难看出,生存教育的关键词是生存知识、生存经验、生存意识、生存能力、生存态度和生存价值。一个人要想在自然界和人类社会中生存下去,需要具备足够的生存知识和经验,特别是要树立生存意识,努力提高生存技能和能力,保持积极的生存态度,努力求生存、求发展、做贡献,最后成功地实现自己的生存价值。面对病毒,要保障自身生命安全,保障家人生命安全,保障日常生活,保障教学效率和效益,保障学生身心全面而健康地发展,需要教师的引导和教育。对学生而言,居家防护是一种生存形式。我们注意到,学校在网上教学中善于借助情境教学,关注对学生的心理疏导,注

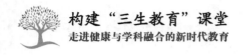
重家国情怀涵育以及生存知识传授和生存技能培养。学生在学习中对特殊时期特殊的生存环境和方式有所适应,并逐步地掌握了一些生存的知识和技能。这不仅让他们和家人度过了眼前生存的困难,还为他们的未来积累了宝贵的经验,生存教育达到了预设的目标要求。

教育家陶行知先生曾提出"生活即教育",强调教育要同实际生活相联系,主张"在生活里找教育,为生活而教育"。陶行知先生的理论告诉我们,生活教育是促进学生全面发展最直接、最有效的途径。

什么是生活教育?生活教育就是来自生活、为了生活的教育。一方面在生活中进行教育,另一方面为了更好的生活进行教育。"三生教育"中,生活教育是目的。一个学生无论取得多大成就,其当下和未来所要面对的是实际的生活,尤其是社会生活。我们在生活教育中,要不断地引导学生了解社会、适应社会、融入社会,不断地促进自身发展,不断地促进自身的社会化。我们要让学生知道,只有积极地了解社会、适应社会、融入社会,将来才有能力和机会去改造社会。

如何进行生活教育?生活教育重在培养学生的生活能力,使其形成健康的生活方式。我们一方面需要指导学生提升生活能力,在财力、体力、精力、方案、措施、方法上保证和满足每日正常生活所需;另一方面需要帮助学生改进生活方式。如何在居家防护时还能正常地学习、锻炼、交流、交往、生活对每一个人包括成人都是一种挑战。有了生活能力,学生才能在未来的社会中自立、自理、自强。有了正确的生活方式,学生就能够在各种生活环境中都可以享受到生活的快乐和幸福。天津市第五中学在"三生教育"中注重培养学生良好的生活方式,倡导青春有格,行己由耻,躬身入局,达于至善。复课前后,学校教育学生要讲究个人卫生、环境卫生，要测体温、戴口罩、勤洗手、用好健康码、培养三五个好的生活习惯等。以上一系列活动和要求使得学生生活能力得到提升，健康的生活方式逐步形成。

　　一段时间以来，天津市第五中学"三生教育"渗透到学校的德育、学科教学和课外活动之中，做到了"随风潜入夜，润物细无声"，学校、教师和学生都得到了成长，还形成了《构建"三生教育"课堂：走进健康与学科融合的新时代教育》这样一部内容充实、生动有趣、针对性强、科学性强、实践性强的图书。我为天津市第五中学的"三生教育"点赞！相信随着"三生教育"的进一步深入开展，天津市第五中学在不久的将来一定会收获更多的教育成果。

　　寥寥数言，是以为序。

天津市人民政府督学　陈自鹏博士

2020年7月

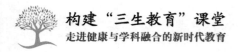

前言

　　天津市第五中学创办于1945年，是一所拥有近八十年历史的天津市首批市级重点中学，国家级示范高中。学校秉承"爱、博、健、严、敬、实"的校训，坚守"以人为本，自主发展"的办学理念，形成了"自主发展，艺体见长"的办学特色。多年来，学校教育教学成绩斐然，连续多年获得天津市红桥区教育教学质量综合评估特等奖和突出贡献奖，多名学生被清华大学、北京大学等录取。

　　近年来，学校不断探索新型育人模式和教学模式改革，形成了自主发展教育课程体系。学校积极响应国家号召，及时科学地做出教学调整，开启"云课堂"在线授课模式。各部门、各学科教师协同并进，整合现有资源，从大国担当、病毒知识、科技硬核、防控技能等方面，积极开发云课堂，做到有道、有招、有效。线上教学开展以来，天津市第五中学呈现出一堂堂鲜活、生动的线上课程，受到了学生与家长的认可。为深入培育学生核心素养，学校认真归纳经验，将一大批优秀的教学案例编写成《构建"三生教育"课堂——走进健康与学科融合的新时代教育》。

　　本书包括导言和六个章节。导言部分从学校的办学实际情况出发，统筹规划课程文化建设，并对学校各项工作进行了细致梳理。第一章到第六章具体阐述为构建"三生教育"云课堂的实践过程，包括教学设计、教育方法、评价方式等。第一章是基于生命尊重教育主题的学科融合，通过汲取文化力量，促进人文素养的养成。第二章是基于生命升华教育主题的学科融合，以探究精神为核心，科普病毒防控的常识，帮助学生树立科学思维。第三章是基于生存态度教育主题的学科融合，聚焦学生的潜力发展，解读病毒防控中的数字化、智能化趋向，启发学生养成勤于思考的习惯。第四章是基于生存经验教育主题的学科融合，从日常生活出发，推广文明健康的生活方式，守护学生健康成长。第五章是基于生活方式教育主题的学科融合，围绕增强社会责任的主题，着眼于中国力量、中国精神，激发学生的爱国情、报国志。第六章是基于生活能力教育主题的学科融合，以劳动实践创新为主题，梳理学科理论知识，融入课堂中去，促使学生的思维方式走向科学、理性与思辨。

本书主要有以下三个特点：一是针对性。线上教学，师生由"面对面"变成了"屏对屏"。本书由线上教学经验总结归纳而成。二是科学性。本书总体思路明晰，内在逻辑严谨，多层次、多角度、多形式、多路径地拓展传统学科课堂的深度，符合教育教学的科学性。三是实践性。本书将知识学习和实践锻炼有效结合，选择具有正确价值导向作用的案例，提炼实际问题，这对学生的生活和教师的工作具有启发性。

本书在梳理天津市第五中学"三生教育"工作的基础上，对实施"三生教育"期间的线上教学体系进行了探索，呈现了优质的实践成果，展现出全新的教学生态，相关内容能够为广大教师及后来者学习、研究借鉴。

天津市第五中学校长　郭文颖

2020年7月

目录

构建"三生教育"课堂
走进健康与学科融合的新时代教育

第三章

基于生存态度教育主题的学科融合

第四章

基于生存经验教育主题的学科融合

第五章

基于生活方式教育主题的学科融合

第六章

基于生活能力教育主题的学科融合

导　言

在学科融合中创新"三生教育"

　　天津市第五中学以立德树人为本，齐心协力，精心部署，积极推动，共建"三生教育"课堂。各部门、各学科教师积极行动起来，从大国担当、民族精神、世界眼光、病毒知识、科技硬核、防控技能等，多层次、多角度、多形式、多路径地提升"三生教育"课堂的深度、厚度和温度，充分展现了中国的制度优势，以及在危机面前中华民族共克时艰的精神力量。"三生教育"课堂百花齐放，课程育人同频共振，形成育人合力，鲜活生动的生命教育、生存教育和生活教育教材将学生核心素养培育推向深入。

新课程改革视野下的课程文化建设

■ 郭文颖

　　课程文化是学校文化的重要组成部分,是现代学校教育教学活动的生存方式,是现代学校对文化进行选择、整理和提炼而形成的一种课程观念和课程活动形式。课程文化建设的目的就是让学校师生对学校课程目标、课程实施规划产生情感认同,让师生产生一种自觉和内驱力,并内化为具体的实践行动。在新课程改革的背景下,现代学校文化建设要以课程文化建设为核心。

一、学校课程文化在课程改革背景下展现出的新特征

　　课程文化是一所学校提供给学生在学校期间得以获取知识、能力以及学习经历等一切活动的精神产物,是学生主动学习过程中所呈现出来的文化特质。课程文化的外层是课程物质文化和制度文化,课程文化的内核和精髓是课程精神文化。在新课程改革背景下,学校课程文化体现出以下三个新特征:

（一）以人为本的价值取向文化

　　以人为本的价值取向文化以人的充分自由的健康发展为最高目标。以人为本的价值取向,就是要实现"教育绝不是单纯的知识与技能传授,还包括人格的培养、人文的熏陶、心灵的唤醒、创造力的培养以及智力的开发"。

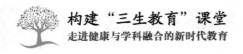
（二）以三级管理为目标的管理文化

新课程改革的目标之一就是改变课程管理过于集中的状况，实行国家、地方、学校三级课程管理，增强课程对地方、学校及学生的适应性。这一目标体现了课程权力的再分配，强调了学校与教师参与课程决策、学生有权选择课程的管理文化理念。

（三）以师生共同开发与实施课程的行为文化

新课程倡导师生成长和发展的自主性和创造性；倡导师生互相学习、互相支持、共同提高的合作性与共享性，体现出师生共同开发与实施课程的行为文化。

二、学校课程文化在课程改革背景下的新视野

学校课程文化建设要以关注学生需要、关注学生发展、研究学生文化为崭新的视野。具体来说，新的课程文化要体现出三种转变：一是变部分学生的发展为为每一个学生的终身学习和发展服务的教育；二是变学生适应课程的教育为课程适应学生的教育；三是变同质发展的教育为差异发展的教育。新的课程文化建设要戒狭隘的功利主义，不能让青少年学生成为有智商但没有智慧，有知识但没有文化，有欲望但没有理想，有目的但没有信仰，有愿望但没有行动的人。在课程结构、课程设置和课程形态等方面，学校课程建设与管理在满足要求的同时，要力图保证统一与选择、规范与创新、预设与生成、过程与目标的结合，努力实现以人为本的课程文化育人价值和素质教育的理想和目标，办出人民满意的学校，培养出更多的优秀人才。

三、以新课程理念引领课程文化的建设

（一）更新办学理念，找准课程文化建设的定位

课程文化的建设涉及课程思想、价值观、文化传统、行为习惯、教学方式等问题，要顺利推进课程文化建设，就必须围绕课程改革的目标，寻找契合点和突破口。要从先进的时代精神和优秀的传统文化中获取养分，要从学校的办学经验中汲取精华，把课程改革作为突破口，探索实施课程实验与提高教学质量的契合点，将课程改革要求与校情相结合，明确办学理念，为课程文化建设找准定位。

（二）优化课程结构，搭建课程文化建设的平台

新课程改革把培养学生的创新精神、实践能力和健全人格作为基本课程目标，而课程目标的实现离不开课程结构化建设。课程要更加突出时代特点，更加符合素质教育的要求，能够满足学生个性化选择和全面发展的需要。学校除按计划开设国家课程外，一是要大力开发科技人文课程和地方文化课程，着力打造具有优势和特色的校本课程，使校本课程多样化、精品化、系列化。教师既是校本课程的建设者，也是课程文化形成的主力军。二是可在校外建立人文、科技教育实践基地，通过组织学生社团，在活动中将"书本世界"与"生活世界"联结起来，将掌握知识经验与解决实际问题、进行创新实践结合起来，在活动中培养师生对课程文化的认知。三是通过组织学生积极开展研究性学习，定期在学生中进行研究性学习成果汇报和论文答辩活动，努力营造"自主、合作、探究"的学生文化。

（三）关注生命活动，突显课程文化建设的价值

课程新文化精神的根本点在于：第一，强调主体存在的意义，关注人的生命

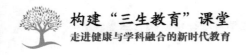
和价值;第二,强调科学与人文的整合,建立科学人文性课程文化观;第三,寻找教育向生活世界的回归,确立崭新的课程生态观。总之,课程新文化的建构高度强调人文关怀,强调生命体验,直接指向人文、科学的深层建构。

(四)重视艺术教育,追求课程文化建设的完美

人们常说没有艺术的教育是不完整的教育。一个人在艺术的感召下能发现自然中蕴藏的美,发现心灵世界的美,能具有更高的文化品位。毫无疑问,一个有能力适应现代生活的人,在掌握系统的科学知识的同时,也应具备基本的艺术素养。重视艺术教育,开设艺术领域的课程,既符合时代的要求,也是学生发展的需要。

在新课程改革的背景下,作为学校文化建设的核心,课程文化建设要牢牢把握以人为本的价值文化取向,积极开发校内课程资源来增强课程文化对地方、学校及学生的适应性,要引导教师和学生参与课程决策,努力实现学校文化建设和课程改革目标。全面建设学校课程的能力,提高学校课程的领导力,是实现学校内涵发展,提升学校文化品位的重要选择。

感悟人生，立志图强，学有所为

■ 王　勇

　　庚子年春，突如其来的新冠肺炎疫情打乱了我们正常的学习和生活。早该在校园相见的学生们未能如约而至，居家学习、工作成了日常生活的主旋律。新冠肺炎疫情是一场没有硝烟的战斗，更是一部鲜活的教材。学校、家庭、社会要将这次疫情作为教材，对青少年开展一场生命教育，一场信念教育，一场科学教育，一场道德教育，一场爱国主义教育，进一步引导青少年树立正确的世界观、人生观、价值观，让青少年通过这次疫情感悟人生，立志图强，学有所为。学校和教师要进一步引领广大青少年坚定理想信念，凝聚爱国情怀，加强品德修养，增长知识能力，培养奋斗精神，增强综合素养，激发广大学生成为有大爱、有大德、有大情怀的人；激发广大学生成为求真理、悟道理、明事理的人；激发广大学生成为刚健有为、自强不息的人，让青春在新时代的进程中焕发出更加绚丽的光彩。

　　天津市第五中学在新冠肺炎疫情发生的第一时间快速反应，深入思考，发挥德育主渠道作用，变危机为契机，时刻将立德树人这一根本任务放在心上，抓在手上，扛在肩上，落到行动上。通过开展形式多样、内涵深刻的系列活动，引领广大青少年认真学习习近平总书记关于抗击新冠肺炎疫情的系列重要讲话和党中央作出的战略部署，做到学有所悟；引领广大青少年深刻认识集中力量

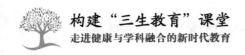

办大事的制度优势,做到学有所感;引领广大青少年积极学习病毒期间众多"逆行英雄"的模范事迹,做到学有所获;引领广大青少年传承中国精神,凝聚爱国力量,勇担社会责任,做到学有所为。在各种教育活动的感召下,同学们第一时间感到习近平总书记的亲切关怀和党中央的科学决策;第一时间听到祖国各地对武汉支持和鼓励的话语;第一时间看到全国人民万众一心、众志成城的生动画面,激发起由衷的爱国之心、强国之愿、报国之志。

习近平总书记强调:"要在党中央集中统一领导下,始终把人民群众生命安全和身体健康放在第一位。""要同时间赛跑、与病魔较量,坚决遏制疫情蔓延势头,坚决打赢疫情防控阻击战。"这些掷地有声的话语让同学们深深感到习近平总书记和党中央的亲切关怀就在身边,增强了信心,坚定了战胜病毒的信念。同学们在活动中深刻领悟了世上没有从天而降的英雄,只有挺身而出的普通人,更加深刻地感悟到中国特色社会主义道路上"医无我、军无惧、警无畏、工无休、农无私、商无利"的大爱情怀。学校引领学生完整地学习这些平民英雄模范背后的职业道德和崇高素养,使他们树立正确的世界观、人生观、价值观。同学们直面灾难,审视自我,纷纷发出自己的声音,并以手抄报、诗歌、绘画、演讲、网络班会等形式表达所感、所悟、所获。

学生们在感言中写道:"武汉加油,待到春暖花开,我们一起赏樱花。""牵挂身处疫情一线的每一个同胞,我们心心相连,深深地祝福,愿你幸福平安,加油武汉,加油中国。""我要努力学习科学文化知识,将来拯救更多的人。""十几天建两座医院,几乎不可想象,简直是世界奇迹。""十四亿人服从指挥听从安排,这太不容易了,我真骄傲。""我们要尊重自然,敬畏生命……"

学校新疆内高班一名少数民族学生写道:"通过这次疫情,我深深感到党中央始终把全国人民的生命安全和身体健康放在第一位,全国人民在中国共产党的领导下，万众一心，众志成城，集中力量办大事，我为自己是一名中国人而自豪！我坚信在伟大的中国共产党的领导下，我们的祖国一定能实现中华民族伟大复兴的中国梦，我作为中华民族的一员，我将尽我的全力，刻苦学习，奋发图强，早日学有所成，成为建设祖国的栋梁之材！"

　　高一年级的一位学生家长在班主任视频家访时表示："疫情刚开始时，我曾一度非常担心疫情会影响孩子的学业，但老师精心为学生们网络授课，隔离不隔爱，孩子的学习不但没有耽误，而且通过学校一系列的教育活动变得积极、主动，经常会帮助家长做一些力所能及的家务，我非常欣慰。学校真正做到了教书育人齐头并进，相得益彰。"

　　"社会即学校，生活即教育。"这场"全民防疫攻坚战"见证了学生们真实的成长，在这场没有硝烟的战争中，大家看到并深深体会到了什么是"家国情怀"，什么是"共同体意识"，什么是"初心和使命"。一百多年前，梁启超先生曾经说："今日之责任，不在他人，而全在我少年，少年强则国强。"在新冠肺炎疫情这场战"疫"中，人人都是参与者，广大青少年要振奋精神，志存高远，奋发图强，为中华之崛起而努力拼搏。

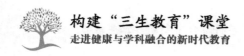

协力共奋进，携手铸辉煌

■ 郝连婷

从没有这样一个假期如此牵动人心。当2020年悄然而至的时候，中国人民正众志成城，与病毒博弈，中国速度、中国规模、中国效率让世界看到中国力量。当2020年寒假结束的时候，我们教育者放下恐惧，按照教育部、天津市和天津市教委的统一部署——"停课不停学，开学不延期"，立即行动，制定方案、周密部署、精准施策、科学调控，重返"课堂"，天津市第五中学用最迅速、最优化、最缜密、最完备的方式，让全校2000名学生以及他们背后的几千位家长放心。

一、科学制定方案，群策群力，周密安排

2020年1月29日，在天津市教委宣布"停课不停学，开学不延期"之后，在红桥区教育局、教师进修学校的统领和指导下，天津市第五中学精心谋划、精准施策、精细准备，成立专项工作领导小组，经过多轮研讨，制定《天津市第五中学延期开学指导学生自主学习工作方案》，细化开学前的工作内容，编制开学后学生自主学习的《课程安排表》和《生活指南》。《天津市第五中学延期开学指导学生自主学习工作方案》中，领导小组做好"延期开学"期间的教学安排和顶层设计，明确工作任务，细化工作分工，分解工作流程，根据工作项目逐级拆分，根据工作内容列出日程，形成横纵交错但又清晰可循的教学安排的流程图和框架

图,学校教务处协同网管中心、德育处、学生处等部门,以年级组、学科组、集体备课组为单元,逐级推进,逐层分解。学校通过现场会议、线上会议、网络学习等,高效完成了开学前的工作部署和教学准备。

二、做好教学研判,及时调整管理重心

从开学前的准备到开学后的实施、监控、调研、调整,天津市第五中学充分把握不同时期、不同背景下的总体要求,确定每周的教学管理重心,确保工作扎实有效。

开学前工作重心:学校精心谋划、部署推进;教师集研集体备课、选取资源、优选网络平台;班主任下发家长信,做好开学前启动工作,让学生从假期向开学平稳过渡。

第一周工作重心:学校加强教学监控、平台维护和技术指导,提供优质教学资源;教师及时适应并熟悉线上教学方式,优化线上教学手段;班主任加强与学生的沟通和调研,确保线上第一周教学的稳定。

第二周工作重心:教务处反馈第一周教学状况,调整工作重点;教师总结第一周线上教学的得失成败,优化教学手段,以学科组为单位谋划线上教学的学科思路和设计框架;班主任适时家校沟通,将学生"稳"在家中。

第三周工作重心:针对高校全面线上开学带来的网络拥堵,及时调整网上授课方式,师生继续适应网上交流和沟通。

2020年2月27日,在教育局视频会议之后,天津市第五中学迅速调整战略,努力实现病毒防控和提升线上教学质量的"双战双赢",并时刻准备好复课以后的教学衔接。这是一个既要宏观设计又要具体实践的系统工程,一方面,我们要求线上教学要有各学科教学主线、教学途径,抓住教育契机,做好学科顶层设

计和互联互通；另一方面，作为教学管理部门，我们要进一步加大监控和调研，加强对教学资源、教学方式和落实效果的把控。

第四周工作重心：各年级加强线上对集体备课的研讨，确定线上教学的方向；加强对毕业班教学的监管，教务处与年级组组织召开高三"云端百日誓师会"。

第五周工作重心：线上教学已趋于平稳，教师在对学生的监控落实的力度和手段上下功夫，线下进行毕业班复课的准备。

三、做好顶层设计，指导各学科把握好教学侧重点，找准各年级教学准星

天津市第五中学针对各年级特点、学科特点，挖掘学科优势，结合新冠肺炎疫情期间的线上教学工作，合理提出教学建议，凸显教育教学的功能。

（一）人文学科突出对文化、民族、生命层面的挖掘，发挥学科优势，引导学生形成正确的人生观、价值观

教师引导学生充分认识国家的制度优势、大国力量和人文情怀。如高中政治组抓住教育契机，深挖新冠肺炎疫情期的教育素材，以疫情防控为主题，挖掘典型事迹，搜集整理相关素材，实现资源共享，将线上课堂打造成为凝聚和传播正能量的大讲堂。高一、高二学习《政治生活》，由于教学内容相近，且与新冠肺炎疫情联系紧密，于是教师每天关注疫情的最新情况，搜集相关材料并及时传达给全组老师。高三年级复习必修三《文化生活》时，教师搜集种种感人事迹，将医务工作者、社区志愿者、普通群众等平凡又有温度的"中国故事"传达给每位老师。

老师们组织学生观看视频《同时间赛跑》，然后共同分析能打赢这场疫情阻

击战的原因。学生在视频中看到以习近平同志为代表的党和国家领导人，自新冠肺炎疫情发生以后深入调研，统一指挥、统一协调、统一调度，用中国速度与病毒赛跑，与病魔较量，坚决阻止疫情蔓延，保证了人民群众的生命健康安全。学生在学习知识的同时，更能体会到我们的党和政府集中力量办大事的能力，感受到中国特色社会主义制度的优越性。2020年3月10日，习近平总书记在抗击新冠肺炎疫情的关键时刻，赶赴湖北武汉考察工作，并指出要坚持"再接再厉、善作善成"，坚决打赢武汉保卫战。教学立足时政，分析国情，对学生实现有效的价值引领，让学生体会到中国离不开中国共产党的领导。这样的教学内容和教学方法，增强了学生们的自豪感与爱国热情，深深地认同中国共产党的领导与社会主义制度。

初中道德与法治学科组采用线上直播教学的形式，学生与教师在线互动，提出疑问，实时生成课堂资源，有效提高了学生学习的积极性，课堂气氛活跃。教师们课前精心备课，关注时政，将其中的先进典型、感人事迹转化为思政课教育教学资源并融入线上教学；结合教材知识点，培养学生爱国、科学、法治的思维和精神，引导学生感受大国精神和大国风范。教师在课堂上号召全体学生向坚持奋战在一线的英雄模范和先锋人物学习，利用宣传报、画作、书信等多种途径为武汉加油，引导学生从小学先锋、长大做先锋，努力成长为能够担当民族复兴大任的时代新人。教师在课后分享丰富的案例、视频等资料，引导学生心系祖国，坚定抗击疫情必胜信心，激发学生为国学习、学有所为的热情。

（二）科学学科突出对生活的探究，找到科学知识的出发点、落脚点，追根溯源

天津市第五中学充分将学科内容与社会生活相结合，通过数据统计、药品配置、生物工程等认识到社会活动、国家建设和日常生活中的科学的力量。

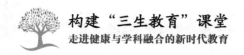

如高中化学组在教学中认为"生活是最好的教科书",他们在教学中把握住"让学科走进社会生活实际,在实践中培养学生学科思维,提升学生学科素养",并站在化学的视角,带领学生探索新冠肺炎病毒的遗传物质、传播途径以及杀菌消毒、治疗药物等和化学学科息息相关的知识。高一年级开展以"杀菌消毒剂"为主题的化学科普实践活动,教师们在教学中提出问题、研究问题、解决问题,利用网络教学的多种途径,带领学生走进学科、走近科学、走向更广阔的社会生活。教师与学生共同面对、共同讨论、共同参与、共同承担,把疫情变成教材。

（三）音美学科、体育学科、技术学科、健康等科目突出鉴赏和应用、动手和动脑、思考与实践

音美学科、体育学科、技术学科、健康等科目给学生带来了生活的情趣、锻炼的方法、应用的奥妙、防疫的小科普,突出鉴赏和应用、动手和动脑、思考与实践。

如音乐学科主动探索,寻求线上教学的最佳切入点,充分利用音乐作为听觉艺术的特性,以教材中的优秀音乐作品为平台,以学案欣赏指导为引领,为学生提供音乐作品简介、作品分析以及背景资料等,让学生在理性思考的同时,伴随音乐鉴赏,展开充分的艺术想象,弥补不能进行课堂音乐教学的不足,提升学生的音乐素养,从而更充分地理解音乐作品的创作特点。学生在听赏中和教师积极互动,利用微信学习平台,形象地展示出自己对音乐形象的理解,让每天的音乐欣赏时段变成"停课不停学"期间一道靓丽的风景线!

美术学科组以教材中的内容为基础,参考区教研活动的教学指导,制定每周的教学计划和学生学习指导方案,并根据实际教学内容分别制作了欣赏演示文稿和绘画技法演示视频,利用3D博物馆的公共资源,在线指导学生分析东西

方、古代与现代艺术作品。教师结合当前抗击新冠肺炎疫情的新闻报道,指导学生创作手抄报和宣传画等宣传作品,参与区教育中心举办的线上学生画展。吴芳老师利用美篇制作了本校学生作品线上展览。此外,美术学科组开展了以"我的家庭"为主题的命题绘画创作活动和以"关心生活环境、提升欣赏品味"等为主题的环境设计,引导学生利用家里的废弃物品创作小摆件等,丰富学生的课余生活。

天津市第五中学落实立德树人根本任务,确保学生"五育并举"。学校及教师引导学生正确地看待疫情,乐观地看待生活,让每一个孩子都能积极勇敢地承担社会责任,做一个精神丰富的人。"疫情防控"是一门大课,我们更要借助其教会孩子如何看待生活,如何看待世界。

四、化"茫然"为"井然",变"危机"为"良机"

线上教学遇到的最大障碍不是网络平台的拥堵,不是网络授课的不适,也不是准备大量教学资源的疲惫,而是不能与学生面对面地交流互动、面对面地沟通讲解、近距离地有效解决问题,这是老师们最感困惑之处,也是线上教学带来的挑战。

(一)合理觅良方,线上驱动化解教学"危机"

天津市第五中学针对线上教学遇到的问题,认真分析,对教师教学提出"线上教学'五驱动'",即"任务驱动—目标驱动—线上课堂内容驱动—作业反馈驱动—平台小结驱动"。

学校要求教师以集体备课组为单位,提前一周将教学任务以"课时学案"形式呈现,汇总教学资源包,经学科组长、教务处审核后下发给学生。教学任务是开放的、多元的,可写、可读、可搜集、可查阅……学生每节课带着任务学习,有

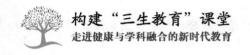

事可做。带着核心任务的教学活动目标更清晰,教师在每节课前依据教学任务对学生提出明确的学习目标,让学生有方向可寻。教师线上授课时,利用好线上平台和社交媒介,给学生精准简洁地讲解,把握重难点,利用线上的讨论、发言、撰写、练习、测试等方式完成课上内容,让学生有内容可参与。课后的作业反馈、落实巩固必不可少,这是学生诊断、反思、总结、加固的关键,让学生有方可断;周末"一总结、一反馈、一训练"是线上授课效果的保证和关键,周总结、周测试让学生经历知识的消化和"反刍",让学生、教师都能有更新的目标可追求。

(二)巧用网络技术,使在线教学井然有效

在线上教学的几周里,学校要求教师做到"巧用大数据,摸清学生底"。现在有很多小程序都能帮助教师完成这个任务。如高三化学组利用微信小程序中的"每日交作业"进行课前测,探清学生已有的知识基础,找到他们学习中的薄弱环节,实现教学中"有的放矢"的重大突破。

如七年级数学教师杜佳,利用"洋葱学院"布置学生自主预习的内容。在学习过程中,教师杜佳在线上给认真学习的同学点赞,并将名单在学习群中进行展示,起到树立榜样的作用。借助"洋葱学院"的线上检测功能,教师能够实时了解学生知识掌握的情况,利用大数据技术形成学生学习成长曲线图,教师利用Camtasia软件将对通过率较低的题目的讲解录制成视频课,通过微信发送给学生,便于学生反复观看学习。

再如八年级物理符柏涛老师,通过"问卷星"平台进行预习调查、诊断教学。这种"以考代管"的教学模式,意在通过高频次的小测试保持学生的参与度,做到小步调、及时反馈、逐步推进。学生使用微信扫码在线测评,限时提交,超出时间后"问卷星"平台将停止收卷,提交后平台会及时给出学生的分数与正确答案。

优选在线平台，施好教学策。教师们经过试用、交流、共享，已经对线上教学的各种技术手段非常了解，这为日后的线下教学、线上辅导积累了经验。"共享教学资源，打好整体仗"更是在这次"停课不停学"教学活动中成为我们的宝贵财富。"抓住新契机，实现课堂翻转"，课堂终究是学生的，学生的学终将会替代教师的教，教无定法，学是关键，线上教学恰恰是让学生成为课堂主体，翻转课堂。

如高三年级语文教师靳妍，为有效增强网上录播教学的互动性，充分利用微信小程序进行签到、课前小测等活动增强线上课的仪式感，并结合收作业小程序及时掌握课堂反馈情况，进行有针对性的答疑。靳妍老师在议论类微写作的教学中，利用微信小程序让学生及时书写，教师及时批阅，一对一个性化指导，学生能够静下心来思考，并隔屏与老师互动，效率得以提高。

（三）借助微官网，开设学科云课堂

停课不停学期间，学校教科室在学校微官网上开设"天津市第五中学学科战'疫'云课堂"专栏，组织教师们从学科的视角，结合发生在身边的故事、知识和文化，通过对人、事、情、知的思考、观察和理解，挖掘学科知识与学科内涵，为学生建构了全新的知识体系。

在云课堂专栏中，学校陆续推出了"三生教育"的课程，既有从学科的角度阐释与疫情相关知识的课程，如"在古籍中寻找抗'疫'的正确打开方式""为我们的健康加'码'——健康码背后的大数据"，还有复课后帮助学生调适心理的课程，如"复课后的心理调适，给你来支着儿"等。学校宏观指导，教师个性化施教，学生主动学习，形成了线上教学、学生自主学习的积极良好的局面。

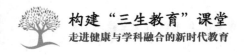

五、利用线上班级活动、教师寄语、学校信笺，凝聚人心、积聚力量、团结奋进，提升学生的学习热情和责任担当意识

学校教务处在开学前后的几周内分别发布《致天津市第五中学、怡和中学全体学生的一封信》《致全体学生家长的一封信》《再致全体学生和家长的一封信》《致全体毕业班学生和家长的一封信》，让学生在居家学习的阶段感受到学校的关心、鼓舞、激励和鞭策，更让家长在此期间不断地被触动、被感召，让很多陆续复工的家庭感受到学校的温暖，放心地在各自的岗位为社会做贡献。

班主任、任课教师更是热情地将自己的知识毫无保留地传递给学生。八年级班主任李欣毅在开学第一周写给孩子们的信深深地打动了孩子们，甚至打动了很多教师、学生和家庭，他写道："孩子们，我知道在这个时代，有太多诱惑容易让你分心，但请你坚持一下，做对的事情大多数时候会很辛苦。我们要去习惯做对的事，去习惯有收获。在这个特殊的时期，试一试全力以赴地把网络用在有意义的事情上。"老师们日日的陪伴与坚守必如同春风化雨，让学生们平稳地度过特殊时期。

2020年3月6日，高三年级的"决胜高考 决战百日"百日誓师会在线上举行，天津市第五中学郭文颖校长、王勇副校长的殷切期望，各班班主任、任课教师的谆谆教诲，学生家长和新疆带队教师的加油鼓励和各班学生的激情誓言，通过网络投递、通过视频发布、通过文字和照片记录，在这个不一样的春天传递温情、传递理想、传递信念。

2020年，中国举全国之力，共克时艰。教育也迎来了一次巨大的挑战，天津市第五中学从教育管理者到每一名普通教师，大家面对困难时毫无退缩，"停课不停学，停课不停教"，大家用智慧和汗水在教育岗位上协力奋进，共铸辉煌！

第一章
基于生命尊重教育主题的学科融合

　　天津市第五中学用好疫情防控这本时代教材，深入挖掘其中的人文内涵，融合生命尊重教育和学科的教学实践，赋予课程深刻且丰富的人文底蕴。在云课堂上，师生于历史长流中打捞人文精粹，品读文化知识，确立昂扬向上的价值观念。学校以文化人，以文培元。线上课堂让学生在文化的熏陶与滋养中，提高人文素养，增强对生命的尊重意识。

口罩的"前世今生"

■ 汪新华

2020年初，新冠肺炎疫情使各国疫情防控物资纷纷告急，"买不到口罩"一时间成了热门话题，口罩成了炙手可热的"硬通货"。制造口罩的材料是什么呢？口罩的生产流程是怎样的？口罩都有哪些分类？我们应该如何选择口罩？KN95口罩、N95口罩和医用外科口罩有什么区别？口罩的佩戴需要有哪些注意事项？小小的、薄薄的口罩为什么能够阻挡病毒的传播呢？这其中涉及哪些我们学过的化学知识呢？学习这些和口罩相关的知识可以给大家提供一个全新的角度，重新认识化学这门学科，真切地感受化学知识与日常生活的密切联系。下面，就让我带领大家一起去探究其中的奥秘吧！

一、口罩的发展简史

据资料记载，世界上最先使用口罩的国家是中国。古时候，人们为了防止粉尘等，用丝巾遮盖口鼻。《礼疏》载："掩口，恐气触人。"《孟子·离娄》："西子蒙不洁，则人皆掩鼻而过之。"然而用手或袖子捂鼻子是很不卫生的，也不方便做其他事情，后来人们就用一块绢布来蒙口鼻。《马可·波罗游记》记述了马可·波罗在中国生活十七年的见闻。其中有一条："在元朝宫殿里，献食的人，皆用绢布蒙口鼻，俾其气息，不触饮食之物。"这样蒙口鼻的绢布，便是口罩的

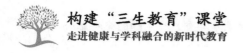

雏形。

19世纪末，口罩开始应用于医护领域。1897年，德国病理学专家莱德奇建议医护人员使用纱布包裹口鼻，防止细菌和病毒的侵入。1910年，一场震惊世界的瘟疫，从贝加尔湖向南传播到我国东北地区，以哈尔滨为中心迅速蔓延，短短4个月内发展到5省6市，死亡人数达到6万多人，举世震惊。年轻的医生伍连德冒着生命危险来到哈尔滨，不顾其他人的反对，在贫民窟里进行了尸体解剖，从而断定这场瘟疫来源于肺鼠疫，靠飞沫传播。这是人类历史上第一次对鼠疫进行科学的分类。伍连德提出了一系列的防疫措施：控制铁路和公路交通，以防瘟疫蔓延，推广分餐制。为了预防病毒，他还设计了一种用双层纱布制作的口罩，以此阻止病毒和细菌的传播，从而快速地阻止了瘟疫的蔓延，这种在当时被广为应用的口罩，被命名为"伍氏口罩"。凭借着口罩和其他一系列举措，疫情在67天内得到控制，伍连德从此名扬天下。正是因为在肺鼠疫防治实践与研究上的杰出成就以及发现旱獭在肺鼠疫传播中的作用，伍连德被提名诺贝尔生理学或医学奖候选人，这是华人世界的第一人。

20世纪初，口罩的大规模使用次数明显增加，口罩成为预防和阻断呼吸道传染病的重要防护物资，可以防止病人喷射飞沫，佩戴者免于吸入含病毒的飞沫核，有效切断了病毒的传播途径。口罩从医院走进了老百姓的日常生活，悄然成为大众生活的必需品。席卷全球的西班牙流行性感冒曾经造成全世界约5亿人感染，普通人群被要求佩戴口罩抵御病毒。2003年，非典型肺炎一度令口罩脱销，人们争相购买口罩。此后，雾霾的出现引发公众对空气污染问题的重视，口罩等防护用品成为秋冬季节的必备品。2020年初，新冠肺炎疫情使得口罩成为炙手可热的"紧俏品"。

二、口罩的构造

医用口罩一般由三层组成，外层是防水无纺布，能隔绝患者喷出的液体；中间层是由聚丙烯制成的熔喷布，熔喷布经过驻极处理后，能够有效利用静电吸附，过滤掉大部分的病毒粉尘、飞沫和气溶胶。中间层的熔喷布是口罩的核心，被称作医用外科口罩和N95口罩的"心脏"；内层是普通无纺布，能吸收佩戴者呼吸释放的湿气和水分。

制造口罩的原材料主要包括无纺布、熔喷布、鼻梁筋和耳带四部分。其中熔喷布是口罩不可或缺的原料，是制造口罩的核心原料，而聚丙烯又是制造熔喷布的主要原料。

聚丙烯是一种无色、无臭、无毒、半透明的固体物质，是一种性能优良的热塑性合成树脂，以丙烯为原料，通过加聚反应生产制得。聚丙烯可以说是我们每个人"身边的塑料"，其广泛应用于包装、纤维、汽车、家电等，近几年在医疗领域也有较为普遍的应用。

之所以选择聚丙烯作为熔喷无纺布的原料，最主要是因为其熔融指数和产量。考虑到工艺、技术、产能、成本等各方面，聚丙烯相对来说是最便宜且产量最大的。中国石化、中国石油和国家能源集团是目前国内聚丙烯最主要的生产企业。一吨高熔指聚丙烯纤维料能制作90～100万个一次性外科口罩，或市20～25万个N95医用口罩。

三、口罩的生产步骤

小小的一枚口罩，从黑黢黢的石油和煤的冶炼加工开始，经过很多道生产工艺，最后才成为疫情防控的盾牌。口罩的生产一般需要经过准备原料、制造

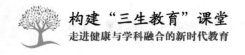

熔喷布、生产口罩及口罩的消毒和解析消毒四个步骤。

（一）准备原料

1.聚丙烯的合成

在中国中,聚丙烯主要来自石油和煤的冶炼加工。石油经过蒸馏、裂化、裂解得到丙烯,丙烯再经过加聚反应生成聚丙烯颗粒,具体流程是"石油→常减压装置/二次焦化加氢石脑油/加氢裂化轻石脑油→乙烯裂解装置→乙烯/丙烯→环氧乙烷/聚丙烯（专用树脂）"。当然丙烯也可以通过煤的干馏,在焦炉气中分离得到,然后通过加聚反应合成聚丙烯。

由于国际原油价格波动较大,由石油制聚丙烯利润较低,相比较而言,煤炭价格较为稳定,由煤制聚丙烯成本浮动小、利润空间大。因此相比于石油,煤的地位更为重要。

2.耳带的制备

目前,市面上耳带有氨纶纤维和乳胶两大类。乳胶耳带长时间佩戴容易勒耳。而由聚四氢呋喃生产的氨纶长丝的弹性比乳胶强两倍,不仅耐汗,而且舒适度高,用于制作耳带没有勒耳的感觉。

3. 鼻梁条（筋）的制造

鼻梁条是口罩里面的一根细胶条,起着把口罩固定在鼻梁上的作用。鼻梁条一般可由全塑材料、纯铝材质和铁丝外包塑料制成。全塑鼻梁条全部由聚烯烃树脂（PE/PP）或者涤纶树脂(PET)制成,它像金属丝一样具有随外力作用而弯曲变形,失去外力作用不回弹,能保持已有形状不变的优异性能。

（二）制造熔喷布

顾名思义,熔喷布是"喷"出来的。工厂采用高速热空气流对模头喷丝孔挤出的聚合物熔体细流进行牵伸,由此形成超细纤维并收集在凝网帘或滚筒上,通过自身黏合而成。具体来说包括聚合物的喂入、熔融挤出、纤维形成、纤维冷却、成网和加固成布六个流程。制得的熔喷布再经过驻极处理，让纤维带上电荷，通过静电捕获带有病毒的气溶胶，从而提高过滤性（一般过滤效果能达到95%左右），实现阻断病毒进入人体的目的。熔喷布以聚丙烯为主要原料，可用于空气过滤材料、液体过滤材料、隔离材料、吸纳材料、口罩材料、保暖材料、吸油材料及擦拭布等领域。

（三）生产口罩

口罩的制造需要口罩机，一台口罩机有一千多个零部件，大部分需要再加工。其中，最珍贵的是核心部件——超声波焊机。口罩机不是一台单独的机器，而是需要多台机器配合完成各种不同的工序。口罩的生产工艺并不简单，包括原料叠合、卷边、缝合鼻夹、折叠结构、压边、裁断缝边、补边、热固定耳绳等多道工序。

（四）口罩的消毒和解析消毒

环氧乙烷是一种广谱灭菌剂，是易燃易爆的有毒气体，分子式为C_2H_4O，具有芳香的醚味，在4℃时候相对密度为0.884，沸点为10.8℃，其密度为1.52g/cm^3。在室温条件下，环氧乙烷很容易挥发成气体，气体浓度过高时可引起爆炸。环氧乙烷不损害灭菌的物品且穿透力很强，故多数不宜用一般方法灭菌的物品均可用环氧乙烷消毒和灭菌。环氧乙烷可在常温下杀灭各种微生物，包括芽孢、结核杆菌、细菌、病毒、真菌等。目前，医疗器械广泛采用环氧乙烷来灭菌。

中华人民共和国工业和信息化部曾指出，医用口罩采用环氧乙烷灭菌，灭菌之后，口罩上会残留环氧乙烷，必须通过解析的方式，使残留的环氧乙烷释放，达到安全含量标准，经检测合格后，口罩才能出厂上市。用环氧乙烷对口罩进行杀菌消毒，一般需要经过预热、预湿、抽真空、通入气化环氧乙烷达到预定

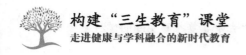
浓度、维持灭菌时间、清除灭菌柜内环氧乙烷气体、解析以去除灭菌物品内环氧乙烷的残留等程序。环氧乙烷灭菌时可采用100%纯环氧乙烷或环氧乙烷和二氧化碳的混合气体。解析可以在环氧乙烷灭菌柜内继续进行，也可以在专门的通风柜内进行，但不能采用自然通风法。用环氧乙烷来消毒和解析消毒一般需要7～14天，这就是为什么明明0.5秒就可以制造一个口罩，但口罩从生产完到出厂上市需要半个月之久。经过消毒和解析消毒的口罩才能正式上市，发挥疫情防控的作用。

四、口罩的分类及用途

口罩根据形状可以分为平板式、折叠式和杯状三种；根据使用材料可以分为纱布口罩、无纺布口罩、布料口罩和纸口罩等；根据适用范围可以分为医用口罩（医用普通口罩、医用外科口罩和医用防护口罩）、颗粒物防护口罩和保暖布口罩等；按照防护等级及过滤效果可以分为N系列、R系列、P系列以及95、99和100三个等级。下面我们列举两种常用的口罩进行对比说明。

根据我们国家的标准和相关规定，口罩按照功能可分为KN口罩和KP口罩两大类，KN类口罩适用于过滤非油性颗粒物，KP类口罩则适用于过滤油性颗粒物。数字是过滤效率的百分比。根据规定，KN95口罩对于0.075微米以上的非油性颗粒物过滤效率大于95%。KN95口罩与N95口罩只是名字不一样，口罩防护等级完全一样。

由于不同类型的口罩具有不同的功能，不同场景、不同人群在佩戴口罩时要选择适宜的口罩。今年，国家卫生健康委员会针对不同人群预防病毒感染，发布了口罩选择与使用技术指引，给我们选择口罩提供了专业的指导。

表1　口罩类型及推荐使用人群

注：○推荐使用　√选择使用

人群及场景	可不戴或普通口罩	一次性使用医用口罩（YY/T 0969）	医用外科口罩（YY 0469）	颗粒物防护口罩（GB 2626）	医用防护口罩（GB 19083）	防护面具（加P100滤棉）
高风险　疫区发热门诊				√	○	√
高风险　隔离病房医护人员				√	○	√
高风险　插管、切开等高危医务工作者					○	○
高风险　隔离区服务人员（清洁、尸体处置等）				○	√	
高风险　对确诊、疑似现场流行病学调查人员				√	○	
较高风险　急诊工作医护人员				○		
较高风险　对密切接触人员开展流行病学调查人员				○		
较高风险　对疫情相关样本进行检测人员				○		
中等风险　普通门诊、病房工作医护人员等			√	○		
中等风险　人员密集区的工作人员			√	○		
中等风险　从事与疫情相关的行政管理、警察、保安、快递等从业人员			√	○		
中等风险　居家隔离及与其共同生活人员			√			
较低风险　在人员密集场所滞留的公众		○				
较低风险　人员相对聚集的室内工作环境		○				
较低风险　前往医疗机构就诊的公众		○				
较低风险　集中学习和活动的托幼机构儿童、在校学生等		○				
低风险　居家活动、散居居民	○					
低风险　户外活动者	○					
低风险　通风良好场所的工作者、儿童和学生等	○					

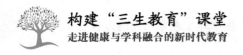
五、口罩的正确佩戴方法

口罩对于进入肺部的空气有一定的过滤作用,可以隔绝经空气传播的呼吸道传染病毒。在呼吸道传染病流行时,佩戴口罩能够有效隔绝病毒。但是如果没有掌握正确佩戴和摘取口罩的方法,还是可能会被病毒感染,那么如何正确地佩戴一次性口罩呢?下面我们介绍一下两种常见的正确佩戴口罩的方式。

(一)一次性医用口罩的正确佩戴方式

第一,清洗双手,检查口罩有效期及外包装。第二,口罩鼻夹侧朝上、深色面朝外,如无颜色区别则从口罩皱褶判断,皱褶处向下为外。第三,上下拉开褶皱,使用口罩覆盖口、鼻、下颌,把整个下巴都包裹住。第四,双手指尖向内侧触压鼻夹,逐渐向外移。第五,摘取口罩时单手勾住口罩系带处取下。

(二)N95 口罩的正确佩戴方法

第一,面向口罩无鼻夹的一面,使鼻夹位于口罩上方,用手扶住口罩,将其固定在面部,将口罩抵住下巴。第二,将上方头带拉过头顶,置于头顶上方。第三,将下方头带拉过头顶,置于颈后耳朵下方。第四,将双手手指置于金属鼻夹中部,一边向内按压,一边顺着鼻夹两侧移动指尖,直至将鼻夹完全贴合鼻梁为止,仅用单手捏口罩鼻夹可能会影响口罩的密合性。第五,使用者必须检查口罩与脸部的密合性,用双手罩住口罩,避免影响口罩在脸上的位置。可以快速吸气,如空气从鼻梁处泄露,则应按上一步步骤重新调整鼻夹。如空气从口罩边缘泄露,则应重新调整头带,如不能取得良好的密合,则应重复步骤一至四。如没有感觉泄露即为佩戴良好。

看似简单的口罩,背后有庞大化工产业的支持。从口罩核心原材料到挂耳朵的绳子,从制作工艺到出厂前的消毒,整个产业链中的每一个环节都不能缺少化工产业。化工产业上游的聚丙烯，中游的熔喷布，下游的口罩机，各个环节共同支撑起中国的口罩产能，形成了我国完整的工业体系和产业链。从来就没有什么轻而易举、理所当然、一蹴而就。今天的"中国制造"，背后是我国工业体系几十年的厚积薄发，是中国企业无惧"卡脖子"的自主创新。这是我们直面各种困难和挑战的底气。

口罩像是一个个小小的盾牌，保护着亿万人民的生命安全和身体健康。然而，在日常生活中一提起化工，大家的第一印象还是污染、毒害和危险。希望了解口罩的相关知识，大家不再谈"化"色变，唯恐避之不及。其实，化工跟我们的生活息息相关，它不单是为人们的日常生活服务，也在支持着我们国家重大工程项目建设，是我国国民经济的支柱产业。从冬奥会高速路上的改性沥青，到港珠澳大桥上的斜拉索高分子聚乙烯，再到北京大兴国际机场中的各种新材料，过去很多不可能的事情，因为有了化工才成为可能。只要我们严格地把化工的安全规范和评价做好，用绿色化学理念科学规划，精准施策，化工一样可以变得非常美丽。

【设计意图】

陶行知认为，"生活即教育"。生活是生命的高级活动，是生存的升华。珍惜生活，热爱生活、幸福生活，需要了解生活常识，掌握生活技能，养成良好的生活习惯，培养健康的生活能力，认识幸福生活的意义，理解幸福生活的真谛。树立正确的生活目标，形成立足现实、着眼未来的生活追求是生活教育的目的所在。

2020年，新冠肺炎疫情给我们的教学带来了新的挑战，也给我们的教育带来了新的契机。站在学科的视角，我们不难发现，我们获得了生命教育、生存教育和生活教育鲜活的素材，病毒的遗传物质、传播途径、防护用品、治疗药物等

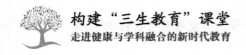
都跟化学知识息息相关。引导学生去了解、学习这些知识，既能促进学生化学学科素养的提升，也能为当前广泛普及科学防护知识，引导群众正确理性地看待传染病，增强自我防范意识和防护能力做一些实际的工作。

生活是最好的教科书，它赋予了我们战胜困难的勇气和信念，也教给我们解决问题的知识和技能。让学科走进社会生活实际，在实践中培养学科思维，提升学生学科素养，是我一直思考和探索的内容。基于此，设计本堂课时，我有以下几个方面的考虑：

第一，在日常生活中，一提起化工，人们的第一印象还都是污染、毒害和危险，存在谈"化"色变、唯恐避之不及的情况。我希望同学们了解口罩的"前世今生"之后，能够改变心目中对化学和化工的偏见，能够更加客观、公正、全面地认识化工在生活和国家建设中发挥的重要作用，发现化工之美。

第二，本课围绕生活必需品口罩展开，帮助同学们认识到口罩的发展史其实就是人类不停地同细菌病毒和生活环境斗争的历史。这有助于同学们掌握基本的生活技能，养成良好的卫生健康习惯。口罩的材质从丝巾、纱布到无纺布、熔喷布的演变，反映出材料工业的不断发展和我国科技水平的进步，能够增强学生的民族自信心和自豪感，通过鼓励学生通过亲身参与社会生活，能够增强其社会责任感和家国情怀。

第三，制造口罩的过程涉及很多化学知识，其中基础原料来自石油分馏、裂化、裂解和煤的干馏；聚丙烯、聚四氢呋喃、聚烯烃类树脂涉及加聚反应和有机高分子的相关知识；口罩的消毒和解析消毒涉及环保的相关知识。本堂课的教学可以拓展学生的视野和知识面，帮助学生学会站在学科的视角审视社会热点问题，养成严谨求实的科学态度，具备终身学习的意识，从而落实"科学精神和社会责任"这一学科核心素养。

情感的抒发与理念的表达

■ 王　蓉

2020年的春天，突发的新冠肺炎疫情牵动着亿万人的心。一批批医疗队奔赴疫情中心，雷神山医院、火神山医院迅速拔地而起，防控疫情的物资纷纷运往一线。艺术家们纷纷拿起画笔礼赞英雄，用艺术的笔触，凝聚起人民群众战胜疫情的强大精神力量。在这样一个特殊的时期，美术作为一门学科，也作为一种重要的艺术表现形式，是如何发挥它的价值的呢？

一、当代作品欣赏

我们选取了三幅美术作品，请同学们一起欣赏。

第一幅：《决战火神山》，作者：魏世民。

2020年2月4日9时许，武汉火神山医院开始正式接诊新冠肺炎患者，这是火神山医院接诊的首批患者。火神山医院能够在极短的时间内建成并接收患者，离不开日夜不停、加班加点的工作人员。春节假期是建筑工人一年以来难得的休息时间，他们放弃与家人的团聚，只为能让更多的家庭早日团聚。画家用画笔记录的便是这一时刻。

第二幅：《生命之托》，作者：杨德新。

为了节约一套防护服，医护人员可以不眠不休、不吃不喝地连续工作9个小

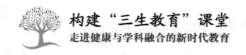
时。医护人员每日与患者待在一起,他们是离危险最近的人,也是最坚定的人。

第三幅:油画《与死神赛跑》,作者:陈曙文。

解放军部队支援湖北医疗队进驻武汉地方医院后,全力以赴投入疫情防控和救治工作,充分发挥突击队作用,敢打硬仗,勇挑重担。

以上三幅作品虽然运用了不同的绘画方式,但其深层的意蕴和要表达的情感都是向这些冲在前线的人们致敬。古今中外优秀的美术作品借助特定的艺术语言和形式结构塑造的视觉艺术形象中,大都有一些内在的深层意蕴和理念感情。我们应怎样欣赏美术作品?怎样理解美术作品蕴含的意蕴和理念呢?学生通过对三件美术作品的赏析,从视觉感知去领悟其深层意蕴,以更好地了解美术作品的审美价值和社会文化价值。

二、汉代石雕——霍去病墓群雕赏析

汉代雕塑艺术是中国传统雕塑艺术史上一个划时代的艺术高峰,展现了中国汉代艺术的审美文化结构和特征。汉代雕塑艺术在中国传统艺术文化体系中占有重要地位,对中国古代审美文化的发展演变也产生了深远的影响。

（一）汉代石雕的产生背景

汉武帝时期,经济复苏,国力强盛,给文化艺术注入了新的活力,雕塑作品犹如雨后春笋,展现出雕塑艺术旺盛的生命力。可以说,两汉时期的雕塑艺术是中国古典石刻艺术发展的第一个高峰期,后世的雕塑创作基础便是在这一时期奠定的。汉代雕塑艺术最有代表性的作品就是霍去病墓石雕、汉画像石、墓葬俑。

（二）霍去病墓石雕的背景

霍去病墓石雕是一组具有纪念碑性质的大型石刻群,其位于陕西兴平市,公元前117年建造。据《史记》记载,霍去病18岁参加反击匈奴的战争,六次出击匈奴均获胜。汉武帝曾因他屡建奇功,为他修建宅第,霍去病说出了"匈奴未灭,何以家为"的千古名句。霍去病英年早逝,汉武帝特地在茂陵东面不远处,选定霍去病的墓址,建大冢似祁连山,并令中府工匠为他雕刻巨型石人石兽置其墓前和墓上,以表彰他的功勋,寓意霍去病生前在祁连山一带战无不胜,威震匈奴。

(三)赏析霍去病墓群雕塑

石雕、竖石、坟冢、草木共同组成了一个艺术综合环境。这种独具匠心的设计,既有天然的背景,又有人工的雕琢,分散的作品和人化的自然烘托了主题,构成了一个完整的有机群体。霍去病墓前石雕的种类和布置方式有别于前世与后世的陵墓石像。石雕充分利用山石的自然形态,依石拟形,稍加雕琢以求神似,形象古拙,手法简练,风格浑厚。

石雕马踏匈奴以艺术的象征手法概括了霍去病一生抗击匈奴的丰功伟绩。石雕造型为一匹马脚踏匈奴。石马高1.68米,长1.9米,一只前蹄把一个匈奴士兵踏倒在地。匈奴士兵手执弓箭,仰面朝天,露出畏惧的神情。这一作品用意在于表现大汉帝国的强盛和霍去病将军征战的功绩。作品通过寥寥数笔的雕刻生动地展现了战马的勇敢和匈奴的挣扎。

在霍去病墓群的系列雕塑中,每件雕塑都由一整块石头雕成,可以想见当时的雕刻者会先长期观察石块的造型,然后想象出石块到底像什么,然后用尽量少的雕刻,完成作品。这种创作方法展现了独特的华夏美学。它们既是中国人对自然、自然物的审美的体现,也是中国艺术对意向神韵的追求,超越了对形似追求的范例。即使到了今天,中国雕塑家们也从中汲取了非常多的营养,创作出很多优秀的作品。

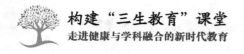
三、《拾穗》

画家米勒离开了巴黎,在巴黎郊区的巴比松农村定居了一段时间。夏天的时候,他看到农民在麦田里工作,把麦子一捆一捆收割下来装在车子上运走。一天,米勒在收割以后的麦田里散步,他忽然看到有三名妇人一步一步走过来,弯着腰把地上掉落的麦穗一点一点地捡起来。这是多么辛苦的工作啊!妇人不知道要弯多少次的腰才能够捡起足够的麦穗。米勒被震动了,他看到这三名妇人一次一次地弯腰,他知道土地上掉落的麦穗对于妇人而言是最丰厚的礼物,这些掉落在地上的麦穗是这三名妇人要带回家的晚餐。

（一）画家简介

米勒是19世纪著名的现实主义画家,巴比松画派的杰出代表。19世纪60年代,一批聚集在巴黎近郊巴比松村的专门从事风景画创作的画家组成了巴比松画派。他们善于以精妙的手法表现空间感及大自然中绚烂多彩的丰富色调,作品构图宏大,意境深远。米勒的作品以描绘农民的生活为主,画风质朴凝重,构图简洁,色调浑厚,整体具有一种庄严的气氛和文学上的意境。《拾穗》是米勒的代表作之一。

（二）创作背景

1849年,米勒举家前往巴黎郊区的巴比松村,在那里度过他的余生。他将风景画的新突破带入到人物画里,致力于观察田野、大地以及在其中辛勤劳作、繁衍生息的人。米勒尽量捕捉他在乡间的所见所闻,哪怕是别人眼中极微小琐碎的事物,米勒也富有感情地把它表现出来,铭记在心并强烈地传达给别人。

（三）作品赏析

教师请同学们带着以下问题进行欣赏：

这幅画画的这是什么时间？这幅画由近及远都描绘了什么？你看到了哪些近处的人物？远处人物的表现起到了什么作用？整幅画给了你什么样的感受？

作品描述了法国农场秋收时的一个场景，三个农妇都弯着腰，姿势略显重复。人物背后是新筑起的大干草垛，渐渐远去的广阔田野和模糊的地平线。戴蓝头巾的农妇费力地弯下腰，伸长右臂去捡拾前面的大麦穗。黝黑粗糙的大手，透露出生活的艰难与困苦。半站着的农妇累了，但即便在稍微休息的片刻，她的眼睛依然在搜寻地上的麦穗。两个弯腰的农妇身穿粗布衣裙，弯着腰捡拾着遗落在地里的麦穗。她们的姿态好像和大地连在一起，显示出农民生活的艰辛和沉重，同时又隐隐发散出神圣的光辉。

丰收是喜悦的，但画家没有描绘丰收的场景，而描绘了三个捡拾麦穗的农妇。在这幅横构图的作品中，广袤的田野占据了大面积的画幅，戴着红、黄、蓝色头巾的三个主体人物牢牢吸引住了观众的视线，阳光从左侧照在她们的身上，画家隐去了她们的面部，更加突出了她们结实而有耐力的躯干。天空宁静而高远，画面中的干草垛突出了整幅画的空间感及人物形象的立体感。远处的骑马人，使这幅画作有了故事性，他们用手指着正在劳动的人们，他们是谁？画家又要讲述什么呢？

通过以上分析和相关问题，教师请同学们根据对画面的分析和课后收集的资料写写自己对这幅作品的感受。

四、一首力的颂歌——《在激流中前进》

同学们，你们到过黄河吗？你们渡过黄河吗？大家是否见过河上的船夫拼上性命和惊涛骇浪搏击的情景？让我们跟随画家杜建的作品《在激流中前进》，

一起来感受船夫的勇敢、团结和与激流搏击的精神。

（一）相关阅读

黄河是世界长河之一，是中华文明的发源地，中国人称其为"母亲河"。黄河发源于巴颜喀拉山脉查哈西拉山的扎曲、北麓的卡日曲和星宿海西的约古宗列曲，呈"几"字形，自西向东流经青海、四川等9个省区，最后流入渤海，干流全长约5464公里，流域面积约75.2万平方公里。黄河中上游以山地为主，中下游以平原、丘陵为主。由于河流中段流经中国黄土高原地区，因此夹带了大量的泥沙，所以它也被称为世界上含沙量最多的河流。

（二）画家简介及创作背景

杜建，1933年生于上海，1954年中央美院绘画系毕业后，任教于中央美院附中。1960年入中央美院油画班学习，毕业后留董希文工作室任教。曾任中央美院副院长，现为该院教授。杜建与高亚光、苏高礼合作的《不可磨灭的记忆》获第五届全国美展三等奖。《在激流中前进》创作始于1962年，完成于1963年，历时两年，是其在油画研究班学习时的毕业创作。为此，杜建曾先后到山西禹门口、陕西宋家川等处，在险急河段的黄河渡口体验生活，搜集创作素材。画家以简练概括的艺术语言，雄健有力的笔触，沉着凝厚的色调，表现了船工们齐心协力搏击于黄河浊浪之中的惊险场景。

（三）作品赏析

画面中，一只全身十分倾斜的木船，翻腾着层层巨浪、疾驰而下的河水，画面产生强烈的运动感。站在船头的青年水手，随时准备着对付迎面而来的一切挑战。他和船后经历过无数风险的老艄公，共同以十分警惕的目光沉着地注视着前面。画面右下角一个大大的漩涡，打破了自上而下的直线，活跃了画面，更加渲染了惊险的气氛。

画家没有从正面表现人与激流搏斗的表情,而是通过飞旋激荡的河水与沉着凝厚的色调,表现了船工们齐心协力搏击于黄河浊浪之中的惊险场景。通过飞旋激荡的河水与沉着稳健的人物的对比,通过那如一叶小舟般的黄河渡船与大面积的汹涌奔腾的浓浆浊浪对比,通过对水势的夸张表现反衬了人的力量和精神,较完美地体现了作品的主题。

(四)作品影响

这是一首有力的颂歌,是坚强与勇敢的颂歌,是齐心协力、团结统一的颂歌,它告诉人们在生活的激流中,只有稳掌舵、紧划桨,奋勇前进,才能取得最后的胜利。

(五)创作表现

2020年的春天是一个不平静的春天。在灾难面前我们要更加团结,更加坚强。我们有"最可爱的逆行者"奋战在抗击疫情的各条战线。

亲爱的同学们,你是否能用你的画笔向这些英雄致敬? 请把你的感动、你的真情、你的祝福描绘下来。

【设计意图】

每一件美术作品的背后都深藏着作者要表达的情感与理念,作品是情与景的完美统一,是意与境的相融无间。课堂中以当代美术作品对现实事件的表现,引导学生理解美术作品对情感的抒发和理念的表达,从对中外古今经典美术作品的欣赏鼓励学生独立的思考,在生活中体验艺术,提升审美,激发创作灵感。

本节课选取了三件美术作品,霍去病墓群雕、《拾穗者》《在激流中前进》,教师带领学生分别从内容表现、时代背景、社会经济、作者生平、风格形式、色彩构图等方面进行赏析,使学生从中体验艺术作品内在的生气、情感、灵魂、风骨

和精神。

汉代雕塑大气拙朴、传神写意、灵动浪漫,其初衷并不是单单为了满足审美的需求,更多的是满足人们的功能需求和信仰需求而附加了审美功能。霍去病墓石雕是这一时期雕塑的代表。西汉名将霍去病的墓冢,以其简洁的造型,粗犷的风格,浑厚的气势,展现了对英雄的歌颂及哀思,反映了西汉时期的精神面貌。在对本作品的赏析上主要是引导学生观察雕刻手法,分析依照石材原型、特质,顺其自然的浪漫主义写意方法,突出神态、动感。这组石雕从形式到内容构成了一个具有内在联系的整体,"马踏匈奴"这一主题雕塑与墓冢的环境相结合,展现了山川野莽的艰苦、激烈残酷的战场、英勇矫健的军人。

《拾穗者》《在激流中前进》作为油画作品,同样具有强大的感染力。《拾穗者》是法国巴比松画派画家米勒在1857年的作品,后者是我国现代画家杜建创作于1962年的作品。学生在欣赏这两幅作品时会发现虽然前者的主体是人物,后者大面积表现的是环境,但二者讴歌的都是人的精神。米勒的《拾穗者》描绘了秋季收获后人们从地里拣拾剩余麦穗的情景,表现了一种极自然又简朴的田园之美,金黄的阳光、妇人弯腰等细节,呈现了英雄史诗般的崇高意境,看起来简单平淡,但是却将平凡的事物赋予一种伟大的美感。作为主体的三位弯腰捡拾麦穗的农妇谈不上美丽,但却有着不同寻常的庄严感,她们连贯性的动作沉着有序,虽然劳累但却坚持。《拾穗者》展现了平凡的人与大地的关系。《在激流中前进》反映的则是人与恶劣环境搏斗的勇气。简练概括的艺术语言,雄健有力的笔触,沉着凝厚的色调,画家不着重表现人物形象,而是通过对水势的夸张反衬了人的力量和精神,完美地体现了作品的主题。

通过对艺术作品的赏析,学生体会到艺术作品是通过什么进行情感的抒发以及理念的表达,同时激发创作热情,以自己的画笔向英雄致敬。

我们看到了雷锋精神

■ 王萍萍

人无精神不立,国无精神不强。中华民族历经磨难而不衰,饱尝艰辛而不屈,千锤百炼后愈加坚强,其根本原因就是我们有自己的精神支柱——中华民族精神!在防控新冠肺炎疫情的过程中,作为中华民族精神的突出代表——雷锋精神熠熠生辉,激励数亿人民群众攻坚克难,万众一心。雷锋精神对于中学生的学习和生活有很大的启示和榜样作用,雷锋精神不仅激励了老一代人努力拼搏,也成为年轻人的精神动力。

一、不负青春,不负时代:雷锋精神永流传

雷锋是一位优秀的共产主义战士,是做好人、做好事、无私奉献的精神代表,每年的3月5日是"学雷锋纪念日",那么雷锋精神具有什么样的内涵呢?

雷锋精神首先是大爱无疆的奉献精神。雷锋精神的核心是为人民服务,"雷锋"二字已成为人们心目中热心公益、乐于助人、扶危救贫、见义勇为、向上向善、奉献社会的代名词。雷锋精神内涵之二:坚守岗位的敬业精神。雷锋对待工作总是干一行、爱一行、钻一行,立足本职,尽职尽责,努力以钉子的"钻"劲儿使自己成为工作的内行。雷锋精神内涵之三:默默奉献的"螺丝钉"精神。雷锋谦虚待人,甘于平凡,从点滴做起,从小事做起,立志在平凡中做出不平凡

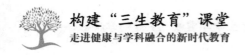

的业绩,乐于做一颗永不生锈的"螺丝钉"。雷锋精神内涵之四:艰苦奋斗、勤俭节约的美好品德。雷锋出身贫寒,他深知生活的艰辛,因此他工作和生活的一言一行都体现了中华民族勤俭节约、艰苦奋斗的传统美德。

新时代的雷锋精神体现在哪里呢?雷锋精神代表的是一种青年人的生活态度,一种充满正能量的生活热情。飞速发展的今天,文化多元、价值多样,我们会面对各种各样的诱惑,如果不思进取,贫瘠的精神世界哪里会开出灿烂的花朵?雷锋精神就像一束光,在迷雾中点亮初心,引领着一代代青年拥抱温暖,拥抱生活,不被困难打败。"青春啊,永远是美好的,可是真正的青春只属于这些永远力争上游的人,永远忘我劳动的人,永远谦虚的人!"这是雷锋写给自己的青春誓言,更是我们青年一代的青春宣言。不负青春,不负时代,我们努力向前!

二、新时代活雷锋:致敬逆行者们

在新冠肺炎疫情防控期间,全国人民的心被牵动着,然而有这样一群人,他们不顾危险,完成了"最美的逆行"。他们之中,有一些是经历过"非典型肺炎"洗礼再次登上战场的精英,有一些是才刚刚成年便投入疫情防控的解放军战士,有一些是在社区基层做着最繁杂工作的社区工作者们……我们深知他们并不是从天而降的英雄,而是为国、为家挺身而出的凡人,雷锋精神在这次考验中更显得光彩夺目、鼓舞人心。在新冠肺炎疫情防控期间,我们看到了医者仁心,大爱无疆;看到了雷神山医院、火神山医院展现出的中国速度;看到了警民同心,共克时艰;看到了军民一家,守望相助。

三、防控疫情的天津人：传承雷锋精神，防控有我同行

在以习近平同志为核心的党中央领导下，天津人民与全国人民一同坚定信心、同舟共济、科学防治，为新冠肺炎疫情防控贡献了重要力量。

天津市委书记李鸿忠强调，要认真学习贯彻习近平总书记的重要讲话和重要精神，以对人民群众生命安全和身体健康高度负责的态度，采取更加精准的措施，全力以赴救治患者，坚决阻断疫情的传播途径。天津的企业为一线的医务工作者举办了大型公益捐赠活动，无私奉献自己的力量。冲在一线的是医务工作者，2020年1月26日下午4时，由138名医疗队员组成的第二批天津医疗队踏上了飞往武汉的航班，勇敢地走向了抗击疫情的战场。后方的社区志愿者们在家园默默坚守，无私奉献，他们在街道免费发放口罩，为进出社区的居民测量体温，尽心尽力尽责。

为阻断疫情向校园蔓延，一线教育工作者按"停课不停学、学习不延期"的要求，不断改进教学技术与手段，为保障广大学子高效学习，纷纷变身主播，线上教学，积极活动在教学第一线。面对突发情况，天津怡和中学的各位班主任从2020年1月25日起，每天早上督促学生完成晨检。2020年2月9日，八年级召开了网上开学典礼，学校通过这样一个富有仪式感的典礼，帮助学生们减轻紧张心理，避免了延期开学的无所适从，引导学生们正确认识疫情，为防控疫情做出自己的贡献，鼓励学生们珍惜每一天，以梦为马，不负韶华！学生们在认真学习之余也不忘关心国家，天津市第五中学的学生们制作了"致敬最美逆行者"手抄报，录制了为武汉加油的视频。天津市人民与武汉同在，与中国共奋进。同学们以雷锋为榜样，刻苦学习，提高本领，奉献社会，服务人民，共同践行雷锋精神，争做担当民族复兴大任的时代新人！

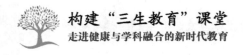

【设计意图】

在新冠肺炎疫情防控期间,涌现出的一批批有志之士给了全国人民信心与力量,恰逢3月5日雷锋纪念日,在这个特别的日子,联系当下的现实情况,教师希望能够将一颗名为"雷锋精神"的种子根植于学生的内心深处,希望学生们有朝一日能成长为祖国的参天大树。这不仅对雷锋精神的传承有重要意义,而且对促进孩子们的身心健康与促进祖国的精神文明建设都具有重要作用。

本次雷锋精神的学习分为三个部分。第一部分:不负青春,不负时代,雷锋精神永流传;第二部分:新时代活雷锋,致敬逆行者们;第三部分:防范病毒的天津人,传承雷锋精神,防控有我同行。

第一部分:不负青春,不负时代:雷锋精神永流传。在这部分,笔者先是阐述了雷锋精神的内涵,然后结合现实生活的实际,激励学生们珍惜时光,不负青春与时代。雷锋精神是大爱无疆的奉献精神,是坚守岗位的敬业精神,是默默奉献的"螺丝钉"精神,是艰苦奋斗、勤俭节约的美好品德。

第二部分:新时代活雷锋:致敬逆行者们。笔者将最近发生的真实事件作为案例,为学生们树立身边的榜样,切实感受到逆行者们的奉献与无畏。新冠肺炎疫情防控期间,有这样一群人,他们不顾危险完成了疫情中"最美的逆行"。他们是医者,是战士,是生命的守护者,国家的捍卫者,是新时代的活雷锋。我们深知他们并不是从天而降的英雄,而是为国、为家挺身而出的凡人,雷锋精神在这次考验中更加光彩夺目、鼓舞人心。

第三部分:防范病毒的天津人:传承雷锋精神,有我同行。在以习近平同志为核心的党中央的领导下,天津人民与全国人民一同坚定信心、同舟共济、科学防治,充分展现雷锋精神,为新冠肺炎疫情防控贡献重要力量。天津市委书记李鸿忠强调，我们要认真学习贯彻习近平总书记的重要讲话和重要精神。天津的企业、医务工作者、社区志愿者们都在为疫情防控贡献自己的一分力量，尽心尽力尽责。为阻断疫情向校园蔓延，一线教育工作者按"停课不停学、学习不延期"的要求，实行线上教学，为同学们坚守好教育防线。

胜利的曙光就在前方，通过这次教育，相信同学们会以雷锋为榜样，共同践行雷锋精神，争做担当民族复兴大任的时代新人！

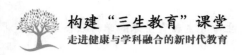

在古籍中寻找抗"疫"的正确打开方式

■ 王 健

疫情，古已有之。中华民族不惧疫情，因为我们有着防范的经验，以中国传统文化为根基的中医学在防范疫情和促进健康上有着独特的优势。我们通过讲述古籍中关于防范疫情的记载，领略古人的智慧，更好地了解语文这门学科与我们日常生活的紧密关联。

一、中国防范疫情经验丰富

14世纪席卷欧洲大陆的"黑死病"夺走了数亿人的生命，当时欧洲人无药可医，只能听天由命。然而在古代中国，传染病发生后往往会很快被驱除，因为我们的祖先很早就懂得用中医去应对那些突发的传染病。

中国最早关于防范疫情的记载出现在甲骨文中。三千多年前的殷商王朝时期，人们对于突发性疫情的防范已有一定的认知。尤其是群体性突发传染病，在甲骨文中已经有了清晰的记载，商王武丁时期的两版卜辞中，就有关于中国古代早期传染病的记载。

在位于河南安阳殷墟小屯西地的一个灰坑中，曾发现过一块记载商王疑似得了传染病的牛肩胛骨。卜辞原文是："乍，父乙，妣壬豚，兄乙豚，化口……"意思是疫情突发，为众人抵御、驱除疫情举行了一系列祭祀先人的事情。这被研究者视为中国最早的关于传染病的文字记载。

在那个蛮荒的时代,人们往往把传染病与鬼神联系起来,并逐渐发展为古人对传染病的恐惧。最为典型的代表,就是在小说《封神演义》中描绘的"瘟神"吕岳。吕岳是截教门下,九龙岛声名山炼气士。吕岳道人打扮,穿大红袍服,面如蓝靛,赤发獠牙,三目圆睁,骑金眼驼,武艺高强,精通瘟疫法术,有三头六臂之能,手提双剑,且有形天印(列瘟印)、瘟疫钟、定形瘟幡、指瘟剑、瘟伞、瘟丹等多件法宝,是小说中的反派。值得注意的是,即使是在将"疫"列为怪力乱神的意识中,我们的祖先也没有面对疫情坐以待毙。《封神演义》中的吕岳两次被打败:第一次是姜子牙向神农氏求药,治好了全城的疫情;第二次则是大仙杨任用"五火神焰扇"大破吕岳的瘟皇大阵,从而将这个作恶多端的瘟神杀死。这段情节虽然看上去满是神话和迷信色彩,但这正是古人科学应对疫情、充满信心战胜疫情的缩影。而且,这些情节还暗示了两个重要的信息——有了病情要吃药;高温能杀死病毒。

当西方还处在茹毛饮血的蛮荒时代时,我们的祖先早就开始对疫情进行合理有效的控制。在《周礼》中明确记载了人们面对疫情的第一招——隔离。《周礼》要求:"凡民之有疾病者,分而治之,死终则各书其所以(疾病的起因),而入于医师。"《红楼梦》中曾记载着这样一个片段:王熙凤的女儿得了传染病,她"一面打扫房屋供奉痘疹娘娘,一面传与家人忌煎炒等物,一面命平儿打点铺盖衣服与贾琏隔房,一面又拿大红尺头与丫头亲近人等裁衣。外面又打扫净室,款留两个医生,轮流斟酌诊脉下药,十二日不放家去"。

这不就是隔离、消毒的基本程序吗?连隔离多少天都有明确说明。这也就是说,面对疫情,首要任务是阻止其扩散。

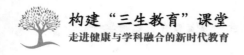

二、中医是战胜疫情的法宝之一

中华医学源远流长。早在汉代，伟大的医者们就开始研究疫病并开展有效治疗了。汉末建安二十二年（公元196年），当时的中国暴发了一场大瘟疫，时任长沙太守的张机，即闻名后世的张仲景，其庞大的宗族在这场瘟疫中"其死亡者，三分有二，伤寒（也就是肺炎）十居其七"（《伤寒杂病论》序）。于是，他毅然放弃官位，专心从医。张仲景的《伤寒杂病论》就对"疫"有着极为独到的见解，并总结出了一些行之有效的治疗方法，流传下来了很多应对疫情的良方，例如麻杏石甘汤、射干麻黄汤、小柴胡汤、五苓散这四个中医经典方剂。这四个方剂合在一起，就形成了"清肺排毒汤"的药方。

同学们也许不知道，到了21世纪的今天，战胜疫情的法宝之一，是我们的祖先早在汉代就开始推广使用的传统古方。

三、中国古代朴素的哲学思想是应对疫情的重要心理基础

人类恐慌的根源，往往就是对未知事物的不确定。通过学习文言文，我们可以知道，中国古代朴素的哲学思想是应对疫情的重要心理基础。

有一位哲学家曾经说过："过度的自我关注是万恶之源。"西方文化强调自我意识，惯于从"我"这个个体去看世界，所以在遇到个体无法承受的情况时，恐慌就成了再正常不过的反应。而中国传统文化却不然，我们的祖先很早就开始用天地的广阔视角来解读身边的现象。

《道德经》中有这样一段文字："天长，地久。天地之所以能长且久者，以其不自生也，故能长生。是以圣人后其身而身先，外其身而身存，非以其无私邪？故能成其私。"

笔者在一次对同学们的讲座中提到过这段话。当时在座的很多同学不明白，为什么一个人"无私""无我"反而会获得更多。如今，我们身边那些"最美逆行者"，不就是这段话的最好诠释吗？他们用不计个人利益的行为，为更多的人带来了幸福与安康，而他们自己也因此实现了自我的价值，受人尊重。

我们的祖先很早就开始用"天地"的广阔视角来看待世界，也总结出了应对所有事情的方式，即出自《庄子》的"乘天地之正，御六气之辩"。这句话的意思就是说，掌握并控制规律，遵循并顺应大自然的变化，只要这样，就没有什么可担心的，按规律办事，事情一定会解决。由此可见，解决一切混乱、难题的时候应该怎么做，我们的祖先早就把答案藏在了古籍之中。

疫情并不可怕，面对疫情该怎么想、怎么做，我们的祖先在几千年的实践中早就总结出了很好的经验。文言文就像一个"取之不禁、用之不竭"的宝藏，而宝藏的钥匙就握在同学们的手中。当大家还在为背诵古文感到头疼不已时，要知道，懒惰很有可能会让自己错过一些能够使自己终身受益的东西。记得每次讲文言文的时候，总有一些同学眨巴着可爱的大眼睛问笔者这样一个问题："老师，学这些老文章有什么用呢？"现在，各位亲爱的同学，大家知道答案了吗？

【设计意图】

本课程是校本课程"文言文经典导读"在"停课不停学"期间开设的特别课程。本课程的宗旨是提升学生对于文言文以及其所承载的传统文化的兴趣，并将文言文中的思想与实际生活相结合，思考做人做事的道理。

传统的中华文化（包括中医学、中国哲学思维）在防范疫情方面起到了非常重要的作用，这正好是一个宣传传统文化中的重要的内容——中医文化和朴素的哲学思想的良好契机。

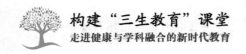

笔者首先将授课内容编辑成视频《在传统文化中寻找抗"疫"的正确打开方式》，并将视频上传到视频网站上和课程交流群中，供学生分享观看。学生通过网络留言和微信交流群以及与任课教师私信的方式交流对于传统文化对生活的影响的看法。不少学生提出自己的思考与困惑，教师和学生再根据文言文中所记载的内容来回答相关问题。接下来，笔者总结出古人在应对重大事件时所表现出的值得我们学习的智慧，将本课程加入云课堂活动中并作为其中一讲，丰富学生的学习生活，开阔学生的眼界，激发学生强烈的民族自豪感和文化认同感。

本课程用通俗易懂的方式，将课堂上所学的文言文中的文化现象与学生的生活结合起来，既接地气，又能做到学以致用。课程能够提高学生们对语文学科的兴趣，保证学生们能充分理解相关思想并能用这些文化以及思维方式解决遇到的具体问题。制作的相关视频可用于宣传中华文化发挥的巨大作用，同时可以用来宣传传统文化与生活之间的密切联系。

校本课程"文言文经典导读"还将继续开设下去，笔者同时也计划将近几年来的授课心得总结并制作成视频作品，与学生分享交流，将传统文化转变为一种时尚，让更多的人了解古人的智慧、学习古人的精神，帮助广大学生养成正确的世界观、人生观、价值观，使社会主义核心价值观内化于心、外化于行，促进学生全面发展，引导学生树立"天下兴亡、匹夫有责"的国家情怀，形成"仁爱共济、立己达人"的社会关爱意识和"正心笃志、崇德弘毅"的人格修养。

特殊时期，一起学英文

■ 李姚瑶

2020年，从春寒料峭到夏日炎炎，我们度过了漫长的寒假，体验了新鲜的网课，经历了长久的等待，戴着口罩重返校园。新的经历也需要英语学科新的参与，让我们一起来了解一下与这段经历相关英文知识吧！

"We now have a name for the disease and it's COVID－19." WHO chief Tedros Adhanom Ghebreyesus told reporters in Geneva. 2020年2月11日，世界卫生组织总干事谭德塞在瑞士日内瓦宣布，将新型冠状病毒肺炎正式命名为COVID－19。"CO"是Corona（冠状）的缩写，"VI"是Virus（病毒）的缩写，"D"是Disease（疾病）的缩写。

在此之前，新冠肺炎并没有正式的名称。其实，给疾病的命名非常重要，因为稍有不慎，就有可能引发各种潜在问题。那么，世界卫生组织是如何命名新冠病毒肺炎的呢？

The H1N1 virus in 2009 was dubbed "swine flu". This led Egypt to slaughter all of its pigs, even though it was spread by people, not pigs.（2009年的甲型H1N1流感病毒曾被称作"猪流感"，结果导致埃及屠宰了其境内全部的猪。但其实这种流感病毒是由人传播的，而不是猪传播的。）

世界卫生组织曾在2015年批评过"中东呼吸综合征"（MERS：Middle East

Respiratory Syndrome）这一名称。因为命名中含有地区信息，这有可能招致不必要的地域歧视。毕竟导致"中东呼吸综合征"的病毒只是在这一地区偶然发现的，没人能够证明世界上其他地方就不存在该病毒。

"We've seen certain disease names provoke a backlash against members of particular religious or ethnic communities, create unjustified barriers to travel, commerce and trade, and trigger needless slaughtering of food animals." 世界卫生组织在一篇声明中说道："我们注意到某些疾病的名称煽动起了对特定宗教或是族裔成员的抵制，对旅行、商业和贸易造成不正当的障碍，并且引发了对食用动物不必要的屠杀。"

2015年，世界卫生组织发布了命名新型人类传染病的指导原则，要求新型人类传染病名称中不能包含以下信息："We had to find a name that did not refer to a geographical location, an animal, an individual or group of people, and which is also pronounceable and related to the disease," the WHO chief said. 谭德塞指出："我们要取的名字不能指向某个地理位置、某个动物、某个人或群体，同时这个名字要易读，且与该疾病相关。"因此，经过不断的商讨，世界卫生组织最终将新型冠状病毒所引发的疾病命名为"COVID – 19"。

相信看到这里，大家对"COVID – 19"这一名称的由来有了大致的了解，下面就让我们学习一些相关的英文单词。

一、症状类词汇

头疼（headache）、乏力（fatigue）、咳嗽（cough）、鼻塞（nasal congestion/stuffy nose）、打喷嚏（sneeze）、喉咙痛（sore throat）、发烧（fever）、腹泻（diarrhea）、呼吸困难（trouble breathing）、呼吸急促（气促）（shortness of breath）。

二、医疗防护类

口罩（mask）、疫苗（vaccine）、体温计（thermometer）、额温枪（forehead thermometer）、洗手液（hand sanitizer）、防护服（protective clothing）、护目镜（goggles）、医疗物资（medical supplies）、一次性手套（disposable gloves）。

三、传染防控类

人传人（person‐to‐person spread）、潜伏期（incubation/latent period）、无症状感染者（asymptomatic carrier）、疑似病例（suspected case）、确诊病例（confirmed case）、输入性病例（imported case）、发病率（incidence rate）、致死率（mortality rate）、超级传播者（super‐spreader）。

"读书不觉春已深，一寸光阴一寸金。"新冠肺炎疫情防控时期是一个特殊的时期，同时也是一个静心修炼和提升成长的好时机。我们能够用比此前更多的爱和勇气携手共进，共渡难关。春来秋去，山河无恙。笑容绽放，一切安好（Spring is coming. Autumn will disappear. The smile is blooming. Everything will be fine.）。

【设计意图】

笔者结合英语学科特点为同学们介绍了和新冠肺炎疫情相关的英文词汇，希望能够在帮助学生们更深入地学习英语知识的同时，拓宽他们的国际视野。2020年，口罩、新冠肺炎、隔离、密切接触者等变成了高频词汇。作为最受关注的公共安全事件，新冠肺炎疫情防控肯定会成为中高考命题者的重点关注内容，因此笔者介绍了部分高频词汇的英文表达，希望帮助学生们熟悉有关的英

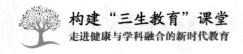
文表达并积累英文词汇。

　　教师应该引导学生主动学习疫情防控知识,保护自己,保护他人。作为一名普通的英语教师,笔者虽不能前往疫情防控一线,但也有自己的阵地需要坚守。面对这场没有硝烟的战争,作为新时代的教育工作者,我们应充分利用信息技术这一强大武器,在非常时期有效组织教学,传播知识。我们生活中发生的一切,就是一本生动而深刻的教科书。经历了长久的等待,学生们戴着口罩重返校园,必将能够带着爱和信心勇往直前。

第二章
基于生命升华教育主题的学科融合

　　天津市第五中学充分利用线上教学平台，及时向学生讲解科学的防护知识，传达生命升华教育主题的学科理念，使学生消除困惑、科学防控。对于学生而言，病毒防控机制的专业性强，较为深奥、难懂。为应对这一难题，教师广泛收集资料，巧妙设计教学内容，借助生动形象的表达方式和科学探究的教学形式，呈现出一节节趣味性强的探究课程。这一系列课程不仅有助于学生提高防护意识和能力，更激发学生对科学的浓厚兴趣和进行创新活动的热情，增强生命升华教育意识，从而提升科学素养，培养探究精神。

病毒的"身份证"——核酸

■ 刘　婧

新冠肺炎疫情期间,所有集中或居家医学观察人员都必须经过核酸检测。什么是核酸? 我们应如何进行核酸检测呢?

一、核酸是什么

人教版高中化学选修五的第四章第三节"蛋白质与核酸"中就详细介绍过核酸。核酸是一类含磷的生物高分子化合物,相对分子量可达十几万至几百万,在生物体的生长、繁殖、遗传、变异等生命现象中起着决定性的作用。核酸可以分为两类:一是脱氧核糖核酸(DNA),脱氧核糖核酸是生物遗传信息的载体,指挥着蛋白质的合成、细胞的分裂和制造新的细胞。二是核糖核酸(RNA),核糖核酸根据脱氧核糖核酸提供的信息控制体内蛋白质的合成。核酸起着携带和传递遗传信息的重要作用。

二、核酸和蛋白质的区别

(一)组成成分不同

蛋白质的基本组成单元为氨基酸,氨基酸之间经过脱水缩合可以形成肽链,肽链的四级折叠形成蛋白质。而核酸是经核苷酸脱水缩合而成的,核苷酸

顾名思义是一种有机酸，具有酸性，并且核苷酸还可以继续水解生成磷酸、碱基、环戊糖(俗称五碳糖)。

（二）主要功能不同

核酸是细胞内携带遗传信息的物质，而蛋白质是生命活动的主要承担者。

三、通过核酸检测判断患者是否携带新冠肺炎病毒的原理

病毒是一种个体微小、结构简单、只含一种核酸（DNA或RNA）、必须在活细胞内寄生并以复制方式增殖的非细胞型生物。

简单来说，病毒是一种介于生命和非生命之间的物质形式，是由一个核酸长链和蛋白质外壳构成，没有自我代谢。一旦病毒离开了宿主细胞，就没了任何生命活动，更不能独立自我繁殖。当然新冠肺炎病毒经科学验证，离开宿主后可以存活24～72小时，这也是它传播能力强的原因所在。

病毒一旦进入宿主细胞后，就可以利用细胞中的物质和能量，按照自己的核酸所包含的遗传信息，产生和它一模一样的新一代病毒。病毒在电子显微镜下呈球形或椭圆形，外面有包膜，包膜上是棘突，不同的冠状病毒的棘突也不一样。因为看上去像皇冠，所以被称为"冠状病毒"。冠状病毒是一个病毒家族，有很多种，大致可以分为四组：α、β、γ属和δ属。新冠肺炎病毒属于冠状病毒家族中的β属冠状病毒。

冠状病毒在禽类体内已经存在了几千年，蝙蝠和鸟类是它的理想宿主，感染人类的冠状病毒最早是在20世纪60年代从普通感冒患者的鼻腔中发现的。新型冠状病毒是一种RNA病毒，它主要是通过呼吸道传播，通过口鼻吸入呼吸道的病毒侵入细胞内并开始复制繁殖。

四、如何进行核酸检测

目前临床中"核酸检测"的有效方法是试图通过鼻咽拭子采集呼吸道内感染的细胞,然后进行一系列操作获取病毒RNA并达到确诊的目的。所以,只要从科学视角客观对待,核酸检测并不可怕。天津市和平区在新冠肺炎防控期间,面向高三的测试卷有这样一道题目:

因为核酸是生命的基础物质,是病毒的"身份证",所以患者的确诊需要病毒的核酸检验。以下关于核酸的论述正确的是(　　　)

A.核酸是核蛋白的非蛋白部分,也是由氨基酸残基组成的

B.核酸水解产物中含有磷酸、葡萄糖和碱基

C.核酸、核苷酸都是高分子化合物

D.核酸有核糖核酸和脱氧核糖核酸两类,对蛋白质的合成和生物遗传起重要作用

分析:A选项,核酸是由核苷酸构成的而非氨基酸,错;B选项,核酸水解产物有磷酸、碱基和环戊糖,而非葡萄糖,错;C选项,核酸是高分子化合物,但核苷酸为核酸水解后的产物,不是高分子化合物,错;D选项,核酸分为核糖核酸和脱氧核糖核酸,对蛋白质合成和遗传起着重要作用。故正确答案为D。

病毒其实远没有我们想象的那么强大,在临床送检病毒时,一般要用冷冻等方式保存标本,病毒的"寿命"很短,得找到活体宿主才能存活。很多因素都会影响病毒的存活。例如气温逐渐升高,病毒会失去生存环境,但很多环节把控还是不能忽视,如洗手、消毒、戴口罩等,我们并不能放松。

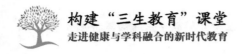
【设计意图】

2020年伊始，突如其来的新冠肺炎疫情打乱了每一个人的生活。新冠肺炎疫情不仅考验着我们，而且对我国经济、教育等方面造成了巨大的影响。在教育部的号召下，"停课不停学"应势而动，教师、学生和家长在互联网和多媒体的帮助下，实现实时的信息对接，我校在科学的安排下，井然有序地组织教学，从一开始的直播课再到录播课，线上教学形式多样，模式新颖，经过了一个多月的探索，每个学科组和每位教师都形成了各自的风格，但是，如何提升线上教育质量、如何更好地结合实际、联系课本内容来引发学生向学的兴趣等问题出现了。

本课源于笔者与一个学生在微信群里的讨论。有一次，这位学生问道："开学后我们真的要进行核酸检测吗？"由此笔者联想到"核酸"为高中化学选修五"有机化学"中的内容，全国各地复工复产陆续开展，核酸检测成为一个高频词汇。真实生活中到底如何进行核酸检测呢？基于此，笔者以核酸检测为主题，以核酸是什么、核酸和蛋白质的区别、通过核酸检测判断患者是否携带新冠肺炎病毒的原理、如何进行核酸检测作为四步递进，以学生们感兴趣的问题为引导，结合教材内容为同学们讲解核酸检测的过程，从核酸的结构、构成，以及核酸与学生们容易混淆的蛋白质做有效区分，找出两者的区别，再到对新冠肺炎病毒的特性介绍，最终让同学们从科学的视角对核酸检测过程进行合理的认知。同时，笔者结合2020年天津市和平区线上测试有关核酸的试题提问，让学生们学以致用。

学校云课堂活动为教师们搭设平台，真正做到了适应社会的教育变革、教育方式的与时俱进、各个学科教学内容的吐故纳新、教学目标推陈出新，并善用新媒体技术，积极开创新的教学模式，教学形式多种多样，但以学生为本始终不变。

　　化学是一门联系实验、以生活为基础的自然科学,教师面对生活的求真态度一定能让学生们收获更多的科学知识、生活常识。就像心理学家布鲁纳所指出的"学习者经过探究和发现的东西,才是最富有个人认知的知识",在教学中我们需要更多地结合学生兴趣,尽量让学生亲身体验进而形成感性认知,更多地发挥化学的学科特性,将学科教学转化为浸润学生心田的主阵地。

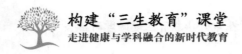
战"疫"的"硬核武器"——负压病房

■ 单 钊

2020年初,突如其来的新冠肺炎疫情打破了原有的平静生活。为了防控疫情,举国上下开始共同努力。为了满足病患的治疗需求,全国各地的医院纷纷建造负压病房,运用物理负压原理控制病毒流体,在增加大量救治床位的同时还有效避免了医护人员和病人的交叉感染。

一、负压病房的功能

负压病房是采用空间分隔并配置直流空气调节系统控制气流流向,保证室内气压低于外界,并采取有效卫生安全措施,防止交叉感染和传染的病房。

对于新冠肺炎而言,负压隔离病房是医院中最重要的一道防线。负压病房的功能包括以下两个方面:一是利用负压原理隔离病原微生物,同时将室内被患者污染的空气经特殊处理后排放,不会污染环境。二是通过通风换气及合理的气流组织,稀释病房内的病原微生物浓度,并使医护人员处于有利的风向段,保护医护人员的工作安全。

二、负压病房的原理

通过对气体压强的学习,我们知道,流体的宏观运动方向遵循着一定的物理规律，是可以被控制的。我们可以利用压强差来控制流体运动。新冠肺炎患者咳出的飞沫、呼出的气体、产生的含有病毒的气溶胶正是流体。如果我们把这些流体集中于低于大气压的负压空间，就可以有效地控制病毒扩散。

负压治疗室内的气压必须低于室外的气压。病房里特有的新风系统可以将外面的空气经过送风净化装置按一定的压力梯度，经清洁区高效过滤、潜在污染区传送到病房污染区，病房内被病患者污染过的空气不会直接输送到外界，而是通过专门的通道及时排放到固定的地方，再经过排风装置层层过滤、消毒、杀菌，最终排至室外大气。这意味着负压病房内始终保持新鲜的空气，是最适宜新冠肺炎患者接受诊疗的地方。同时负压病房以外的地方也不会被病毒污染，减少了医务人员被感染的概率。所以我们从媒体上看到的收治新冠肺炎患者的病房不是普通的拼装板房，而是一个个带有负压新风系统的病房。

三、对负压病房的几点解读

（一）如何保证负压病房永远为"负压"

通过对高中物理的学习我们能够知道，在其他条件不变的情况下，一个空间的气体密集程度越低，压强就越小。也就是说，我们可以通过调节病房内的排风量和送风量来控制气体的密集程度，当排风量大于送风量时病房内即可实现负压。在医院中，医生们可以采用精准的压差传感器监测负压值，在压差异常时医护人员能够收到提醒。因此，压力计一般安装于隔离病房和前室之间、前室和走廊之间等便于观察的地方。

（二）医护工作者如何给患者递送食物

每个负压病房边都会有一扇小窗子，这是给房内传递物品用的。为了避免交叉感染，病房门一般都是关闭的，医护工作者平时给患者递送食物都是通过

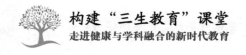
这扇小窗子。当然,物品的传递环节也有着严格的要求,医护工作者一侧的小窗子和患者一侧的小窗子不能同时打开。

（三）负压病房是否会造成患者呼吸困难

虽然负压病房的压强比外界小,但也仅仅小15Pa左右,这样的压强变化完全不会对病人的呼吸造成影响。在通风良好的病房中,加上医护工作者的精心护理,更有利于患者康复。

（四）医护工作者如何知道病人在负压病房内有紧急情况

在抗击新冠肺炎疫情的过程中,病人如果在负压病房内有紧急情况,可以临时使用一种呼叫系统。这种呼叫系统并不复杂,其原理是简单的串并连电路,患者只要按床头的开关就可以呼唤医生,开关都可以控制电铃,电铃响表示有人呼唤,电灯亮显示具体是谁呼唤。条件好的医院会用液晶显示屏或者发光二极管代替电灯,使整个系统更先进。

四、移动的负压病房：负压救护车

随着火神山医院、雷神山医院的建成并投入使用,安全转移新冠肺炎患者安全迫在眉睫,有"移动的N95口罩"之称的负压救护车在安全转移新冠肺炎患者的过程中发挥了重要作用。

（一）负压救护车

负压救护车也叫防护型救护车,和普通救护车不同的是,它最大的特点就是可以"负压隔离"。

（二）负压救护车的工作原理

负压救护车采用负压技术,将病人可能携带的病毒锁定在救护车中,确保在道路上行驶的救护车本身不成为污染源。负压式救护车的核心是"负压系统"。这种防御系统使得救护车内的气压低于外界大气压,空气自由流动时只能由车外流向车内。病员舱室内空气在排向大气前会经过高效过滤器过滤,可有效减少病原微生物向救护车和外界环境扩散,并最大限度地避免医务人员交叉感染。

（三）医护人员和患者在同一个医疗舱内是否会被感染

负压救护车的空气循环系统保证了清洁空气自上而下流动,使得新鲜空气首先经过医护人员再流动到平躺的患者,最后经过患者头部附近的过滤装置流出车外。装备更齐全的负压救护车还会配备专门的隔离舱,患者平躺在隔离舱内,通过隔离舱的风机进行呼吸。

负压病房的原理在中学物理课本中就介绍过,一个个我们曾经学过的物理学知识在这次防控疫情中立下了汗马功劳。物理知识是我们的有力武器,更是我们开启未来生活的钥匙。物理讲的是"万物之理",我们身边到处都蕴含着丰富的物理知识。只要我们保持一颗好奇之心,注意观察各种自然现象和生活现象,就会发现物理中的"力、热、电、光"等知识在生活当中处处都有。一旦养成用物理知识分析生活中各种物理现象的习惯,大家就会发现原来物理这么是那么有趣。只要同学们敢于实验,敢于实践,敢于动手,就一定能把物理学好。

【设计意图】

2020年,新冠肺炎疫情使得传染性疾病防治这一课题备受关注。我们正常的医疗工作和生产生活因为疫情影响而发生了改变,大众对医院重症病房和负压病房有了进一步的了解和关注。对于传染性极强的新冠肺炎而言,隔离病房是医院中非常重要的一道防线。本课就负压病房的设计原理及常见问题进行剖析。

谈负压病房设计原理之前，我们需要了解一下气溶胶传播。众所周知，空气传播主要有飞沫传播和气溶胶传播等不同形式。其中，气溶胶传播在疫情传播中的危害尤其大。

首先，气溶胶的产量大，日常活动都会产生至少数以百计的气溶胶颗粒。如我们打开标本瓶盖可以产生数百个气溶胶，轻微咳嗽可以产生数千个气溶胶，打喷嚏则会产生上万个气溶胶，人员行走、开关门等形成的空气扰动也会使地面、墙面产生大量的气溶胶。

其次，气溶胶一旦产生就很难消除。气溶胶的沉降时间与颗粒直径相关，小于4μm的气溶胶在静止条件下可以悬浮几个小时以上，加之人员活动、门窗开启、空调气流等扰动，气溶胶基本上可以半永久地存在于空气中，并随气流四处飞散，传播疾病。

在这一前提下，普通病房仅靠限制患者行动和医护人员的管理是没有办法防止气溶胶传播和疾病的蔓延的。这时候就需要建设负压病房。

负压病房是指病房内的气压低于病房外的气压的病房。这也是世界卫生组织在规定抢救"非典型肺炎"病人时特别强调的一个重要条件。外面的新鲜空气可以流进负压病房，病房内被患者污染过的空气不会逆流出去，而是通过专门的通道及时排放到固定的地方。这样不会对病房外的区域造成污染，从而减少了医务人员感染的概率，减少了对环境的污染。此类病房最适合抢救严重呼吸道传染性疾病病人。

疫情防控要讲究战术，科学防控是战胜疫情的重要法宝。打赢疫情防控阻击战，我们要有"千磨"的坚劲儿。面对疫情蔓延，不恐慌，不麻痹，心理上藐视，行动上重视，方法上科学，这才是我们的正确的应对方式。

战"疫"必先知病毒

■ 金 鹏

2020年，突如其来的新冠肺炎疫情打乱了人们平静的生活，以习近平总书记为首的党中央迅速做出了抗击疫情的相关部署，开启了防控疫情的中国模式。经过大约四个月的努力，新冠肺炎疫情得到了有效控制，这离不开广大白衣战士的奋战，离不开全国人民的积极配合。应对疫情，科学防控最为重要，我们必须对新冠肺炎病毒有更深的认识，才能进行科学防控。

一、病毒的结构与传播

（一）病毒的结构与生存方式

病毒的体积一般非常小。单个细菌的体积已经很小了，我们肉眼是看不见细菌的，只能借助光学显微镜才能看到。而病毒是细菌大小的千分之一，只能用电子显微镜才能看到。病毒的结构也非常简单，病毒没有细胞结构，其仅由遗传物质核酸和蛋白质外壳组成，是介于生命和非生命之间的一种物质形式。病毒的遗传物质有些是DNA，有些是RNA。

比较复杂的病毒外部可能包括囊膜和刺突，这些结构不但可以对病毒内部核心结构形成保护，同时还可以有效地辅助病毒对细胞进行吸附和侵染，如流感病毒、冠状病毒（SARS、新冠肺炎病毒）等。通俗地说，病毒外有一层蛋白质

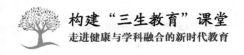

包裹,内有遗传信息。

病毒只能寄生在活细胞里,离开活细胞的病毒并不能长期存活。空气中的病毒可以沉降到周围物体表面,一般可以存活数小时,如果温度、湿度合适,有可能存活数天。在历史的长河中,病毒不断地变异、进化,但其目的只有一个,那就是不断地入侵生物细胞,利用它们制造更多的病毒,使自己的家族得以生存。

(二)病毒的传播途径与传染力

病毒的传播途径有许多种,如经空气传播、经水传播、经食物传播、经接触传播等,其中流感病毒、SARS病毒、新冠肺炎病毒主要是经空气传播的,1854年英国伦敦发生的霍乱则是典型的经水传播。空气和水是我们每个人生活所必不可少的,流感病毒和SARS病毒都没有给人类带来莫大的恐慌,究其原因主要与病毒的基本传染数和致死率这两大因素有关。基本传染数是指在没有任何管控等力量介入、目标人群没有免疫力的情况下,一个感染者会把疾病传染给多少个人的平均数。比如流感病毒的致死率相对较低,通常被感染者不易死亡,其基本传染数值较高,同时它本身的变异能力也比较强,所以我们与流感之间就形成了持久战。再比如2003年的SARS病毒,其首先出现在广东,致死率非常高,但是病毒的波及面并不广,这是因为病毒的致死率过高,限制了病毒的扩散。新冠肺炎病毒显然比上述两种病毒"狡猾"得多,其致死率和基本传染数均介于SARS病毒和流感病毒之间,不但扩散速度快,扩散范围广,致死率也相对较高,而且复杂性又比前两者高得多,因此其对社会的影响就会比较大。

二、个体免疫与病毒变异

在今天,新冠肺炎病毒不会百分百使人感染,原因在于人体内本身就存在强大的免疫系统。新冠肺炎病毒的结构虽然简单，但病毒突破细胞的重重防线入侵细胞核，就能控制整个细胞，并在细胞内繁殖不下万次。当病毒接近细胞时，将会受到第一重抵抗，它们便是抗体，这种Y形蛋白会识别外来入侵者，它们在细胞之间来回"巡逻"，查看是否有病毒，一旦识别出入侵者，抗体会将自己紧锁于病毒的"盔甲"上，使它们变成专门吞噬外侵者的白细胞的"盘中餐"。我们的免疫系统具有记忆功能，会深深地记住这位不速之客。然而有些病毒非常善于变异，总能以一个新面孔面对我们的免疫系统，典型代表就是RNA病毒。RNA病毒的遗传物质RNA通常为单链，在结构稳定性上比双链DNA差很多，因此在繁衍后代的过程中非常容易发生变异。常见的RNA病毒有艾滋病病毒、丙型肝炎病毒、乙型脑炎病毒、流感病毒、鼻病毒、脊髓灰质炎病毒、柯萨奇病毒、登革热病毒、轮状病毒、烟草花叶病毒、SARS病毒、MERS病毒、埃博拉病毒、马尔堡病毒、新冠肺炎病毒。病毒的变异性也是科学家在研制疫苗时必须考虑的因素之一。

三、群体免疫与新冠肺炎

面对新冠肺炎的挑战，各国的态度和对策各有不同。2020年3月13日，英国政府首席科学顾问帕特里克·瓦兰斯表示，将需要大约60%的英国人口感染新冠肺炎病毒以获得"群体免疫力"，这引发不少争议。所谓"群体免疫"，就是借助自然选择理论，提高个体对病毒的提抗力。群体免疫有两种方法：一种是自然免疫，一种是疫苗免疫。由于当时还没有新冠肺炎疫苗，所以形成免疫群体的方式只有一种，主动或者被动感染新冠肺炎，也就是自然免疫。如果群体中有70%～80%的人对新冠肺炎病毒具有抵抗力，就不会发生大规模的疫情。

不可否认，自然免疫确实是人类历史中抵制瘟疫的一种手段，但这是在

一百多年前医学相对落后时期采用的一种被动措施,代价非常大。人类历史上经历了许多次瘟疫,疫情对人类历史的走向产生了深远的影响。如从公元165年开始,罗马帝国发生瘟疫,几乎一天就造成2000人死亡,两位罗马皇帝先后染疫而亡,罗马帝国逐渐走向衰败;公元6世纪,东罗马帝国鼠疫大流行,持续了近半个世纪,疫情严重时一天死亡上万人。这场瘟疫彻底毁灭了查士丁尼皇帝试图复兴罗马帝国往日辉煌的希望;14世纪,一场被称为"黑死病"的瘟疫使当时的欧洲至少减少了四分之一的人口。

可见,群体免疫中的自然免疫是行不通的。纵观历史,曾经肆虐人间的疫情,如脊髓灰质炎、天花等病死率非常高,这些疫情最后都是靠疫苗战胜的。全世界各个国家都在争分夺秒地研制新冠肺炎疫苗。我们要相信国家,相信科学,保持积极主动的态度,利用现代医学技术,便一定能战胜新冠肺炎疫情!

四、"五一"假期怎么过

2020年"五一"小长假期间,我们已经取得了抗击新冠肺炎疫情的阶段性胜利,但依然要保持警惕,做好防护,千万不能大意,因为这场胜利来之不易。在中国,新冠肺炎疫情已经得到了最大限度的控制,然而"狡猾"的病毒为了生存还在寻找反扑的机会,因此,远离人群密集地区和做好个人防护仍是我们抗击病毒的不二法门。"五一"小长假期间,我们最好还是待在家里,减少外出。对于想要出门游玩的人们,可以参考张文宏医生的建议:人多的地方要戴口罩,不妨"自带干粮"在宾馆房间里自己吃饭,严格遵守景区的各项防控措施,保护好自己也是保护好他人。

【设计意图】

高中阶段对病毒的介绍从《生物学》必修一第一章第一节开始,首先介绍的是病毒的基本结构、病毒与细胞结构的区别,并使学生了解病毒的生存离不开细胞。其次是在必修二中通过"噬菌体侵染细菌的实验",进一步使学生理解病毒的生存方式——"寄生"。再次是在选修课本中介绍了病毒与机体免疫之间的关系,可见病毒的相关知识在高中阶段是非常重要的。尽管在教材中也列举了如"艾滋病病毒HIV"等内容,但是这一知识与学生的实际生活相距较远,因此我们有必要意新冠肺炎为知识背景,将学生的直观感受、经历与具体知识有机结合起来,提高学生的实践能力以及分析解决问题的能力。

我们要正确认识病毒引发的疾病机理,消除错误认识和恐慌情绪。学生通过学习,需要明白只要我们正确认识病毒,通过各种科学防控方法阻断其传播途径,包括新冠肺炎病毒等在内的病毒都是可防可控的。

我们要普及科学防控知识,形成正确的病毒防护观念。当今欧美一些国家普遍采用了自然免疫的消极应对方法,这种处理方法有社会制度的原因,但无论如何,这种处理方法是非常危险的。学生应该认识到单纯靠群体免疫中的自然免疫是被动的、落后的、消极的病毒处理方案,研制疫苗才是解决疫情真正科学有效的途径,这不但能够使学生形成正确的生命观念,也能够使他们认识到我国社会制度的优越性,形成爱国主义思想。

当面对新冠肺炎疫情时,怎样做才能利人利己?"五一"小长假是我国新冠肺炎疫情防控面临的第一次大考,长期的居家学习可能给学生带来一定的松懈,通过给学生一些合理化的建议,能够使学生将自己所掌握的疫情防控知识运用到实际生活中,而且有助于疫情防控大局。

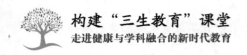
病毒与指数函数

■ 刘 彦

　　2020年的春天注定是一个令人无法忘怀的春天，所有人的生活都被打乱了。但是时间没有停止，同学们的功课没有停止，老师对同学们的思念没有停止……有些同学可能已经注意到，自新冠肺炎疫情暴发以来，国内外一些科研机构的数学家们利用数学模型对新冠肺炎病人数量随时间的变化进行了预测。

　　数学家们是不是很酷？他们居然可以预测未来。其实数学家们可以预测未来是因为他们把数学知识作为强有力的工具，掌握了病毒的传播规律。如果同学们能学会新冠肺炎病毒的传播规律，也一样可以预测未来。今天，我们就一同欣赏一下数学家们是如何利用数学模型预测未来的。

　　其实，为了预测新冠肺炎病人数量随时间的变化规律，数学家们建立的数学模型大都使用了一种叫作"微分方程"的数学工具。同学们还没有学习过"微分方程"，不过没有关系，我们先来了解一下微分方程的孪生兄弟"差分方程"。同学们在高中阶段学习的数列其实就是一种差分方程。

　　比如等差数列，项与项之间的差是固定的，如：

a_1	a_2	a_3	a_4	a_5	a_6	a_7	a_8	a_9	a_{10}	……
1	4	7	10	13	16	19	22	25	28	……

　　上述等差数列可以写成 $a_{n+1} - a_n = 3$。假设这个数列每一秒变一次，就会变

成一个关于时间 t 的函数，那上面的关系式就可以写成为 $a(t+1)-a(t)=3$，这就是一个差分方程。如果我们想知道在每一秒里的每一瞬间发生了什么，怎么办呢？我们可以表示成这个样子：$a(t+\Delta t)-a(t)=3\Delta t$。这里的 Δt 是任意长的时间间隔，大家想让它等于多少都可以。当代入 $\Delta t=1$ 的时候，它就又变回了上述的差分方程了。当这个 Δt 小到无穷小的时候（确切的说法是当 Δt 趋近于 0 时），上述的差分方程就变成微分方程了，只不过在形式上有了一点点的变化。微分方程的左边一般写成导数的形式：

$$\frac{da}{dt}=\lim_{\Delta t\to 0}\frac{a(t+\Delta t)-a(t)}{\Delta t}=\lim_{\Delta t\to 0}\frac{a(t)+3\Delta t-a(t)}{\Delta t}=3$$

像这样的"含有未知函数的导数的方程"被称为微分方程。微分方程可以很方便地表示万事万物随时间的变化。

上面我们提到"微分方程"与"差分方程"是孪生兄弟。我们解决实际问题时，有时使用微分方程，有时使用差分方程。当微分方程能解出通解时，就使用微分方程，因为简洁；如果遇到的微分方程不能解出通解时，就使用差分方程，因为计算机能看得懂差分方程，计算机可以帮助我们把差分方程的解的数值算出来，并且画出图。

那么新冠肺炎疫情的曲线是怎样的呢？传染病专家说，如果不积极防控的话，那么新冠肺炎疫情就将以指数函数的形式暴发。这是为什么呢？这些问题都可以通过数学模型来解释。

模型一：设时刻 t 的病人人数为 $y(t)$，并且每天每个病人有效接触（足以使人致病的接触）的人数为常数 r，考察 t 到 $t+\Delta t$ 病人人数的增加值，就有：

$y(t+\Delta t)-y(t)=ry(t)\Delta t$

上述方程左右两边同时除以 Δt，并写成导数的形式为：

$$\frac{dy}{dt}=\lim_{\Delta t\to 0}\frac{y(t+\Delta t)-y(t)}{\Delta t}=ry(t)$$

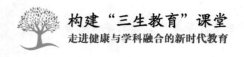
再设 $t=0$ 时有 y_0 个病人，那么可以将这个微分方程解出来。现在同学们可能还不会求解这个微分方程，等大家上了大学，学过"微积分"或者"高等数学"等课程后，就知道求解这个微分方程其实是非常简单的，它的解是

$$y(t) = y_0 \, e^{rt}$$

把曲线画出来的形状是这样的：

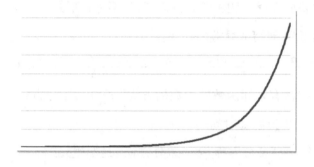

图1 模型一的曲线图

这就是我们在高一第一学期学习的指数函数，其中 r 的取值是非常重要的，r 越大，新冠肺炎疫情传播得越快，情况就越严重。

r 是表示每天每个病人有效接触（足以使人致病的接触）的人数。r 值跟人口密度、交往习惯、病毒强弱等有关系。在新冠肺炎疫情传播早期，努力降低 r 值是疫情防控的重点。几个月来，同学们待在家里，尽量少与外人接触，勤洗手，多通风，必须出门时做好个人防护，戴好口罩等这些措施，其实都是在为降低 r 值做贡献。目前中国的疫情防控取得了很大的成就，我们每一位同学都做出了努力！

当然，这个简单的模型也有其的不足，新冠肺炎疫情的传播不可能一直以指数函数的速度增长。随着感染人数的增加，同时随着政府强有力防控措施的推行,感染人数增加趋势与初期就会发生不同,即随着感染者人数增加到一定程度后,传染速度会慢下来。

模型二:我们用下面一种简单形式来描述这个情况:

$$\frac{dy}{dt} = ry(t)\left[\,U - y(t)\,\right]$$

微分方程里的 U 是可传染人数的上限。求解这个微分方程需要更多的"微积分"或者"高等数学"的知识,这里就不再详细写出。我们把解的曲线画出来的形状是这样的:

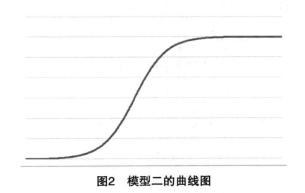

图2 模型二的曲线图

当 $y(t)=0$ 的时候,也就是没人患病的时候,新增速度是0。当 $y(t)=U$ 的时候,也就是所有人都被传染的时候,新增速度也是0。而当 $y(t)$ 在0到 U 之间的时候,新增速度是先增大后减小的。

使用上面这两个最简单的数学模型,我们就可以观察世界上主要国家防控新冠肺炎疫情的情况,预估各个国家目前处于防控的哪个阶段、还需要多久才能取得防控疫情的阶段性胜利。

指数函数是高中数学中最重要的函数之一,除了新冠肺炎疫情的传播外,人类生活和经济活动的很多方面都与指数函数有着密切的关系。

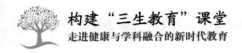

【例一】印度国王曾经打算赏赐国际象棋的发明者。傲慢的国王对发明者说:"你提多高的赏赐要求都可以。"国际象棋的发明者提出了一个让印度国王不屑一顾的要求:在国际象棋棋盘的64个格子中摆满麦粒就可以了。具体的摆放规则是:第一个格子摆1粒麦粒,第二个格子摆2粒麦粒,第三个格子摆4粒麦粒,第四个格子摆8粒麦粒……以此类推,下一个格子的麦粒数是上一个格子的2倍。国王心想,这么一点点小麦算什么呢? 但在计算赏赐时,最后的结果让国王目瞪口呆——就算将当时全国的小麦拿来都不够!

我们可以计算一下,最终的小麦数是:

$1+2+2^2+2^3+24+ \cdots +2^{63}=2^{64}-1$

这里的计算用到了等比数列的前 n 项和公式。这个数值 $2^{64}-1$ 是非常巨大的。

【例二】著名的兔子繁殖问题(斐波那契数列),两只兔子繁殖到第n代的,兔子总数量是:

$$a_n= \frac{1}{\sqrt{5}} \left[\left(\frac{1+ \sqrt{5}}{2} \right)^n - \left(\frac{1- \sqrt{5}}{2} \right)^n \right]$$

兔子每代的数量形成一个斐波拉契数列,即1、1、2、3、5、8、13……从第三项开始,每一项是前面两项之和,前面的公式就是这个数列第 n 项的值,我们可以看到这也是与指数函数相关。

如果不考虑疾病、天敌、资源限制等,动物的指数繁殖速度可以让任何一个物种在一定的时间(经过几十代的繁殖)内占满整个地球! 同学们可以将兔子繁殖问题与《数学(必修)》第一册第四章4.5.3节中"例3.马尔萨斯人口增长模型"进行对照比较。

【例三】复利指的是在经过每一个计息期之后,都要把所产生的利息加入本金当中，来计算一下期的利息。这样在投资人上一期所获得的利息就可以变成生息的本金，通俗地说就是"利滚利"。

复利的计算公式为：

$$Y=a(1+r)^n$$

这里a是本金，r是收益率，n是投资的年数，这个公式是指数函数乘以一个常数（本金）的形式。投资高手能够做到保持收益率r大于一个正常数r_0，并且坚持下去（让n足够大），根据指数函数增长速度极快的特性，这个值在年限足够长后收益率是惊人的（时间就是金钱）。当然如果本金a大，或者能够保证收益率r更大，财富增长会更快。

一些只做长期价值投资而不是短期套利的人，遵循的就是复利计算这个指数公式。这里最难的有两点，一是坚持下去，不为短期利润所诱惑，二是对市场的敏感和深刻洞察，确保在任何情况下（甚至金融危机时期），可以获得正值的（不能太低的）投资收益率。

同学们可以将复利问题与《数学（必修）》第一册第四章4.5.3节例5进行对照比较。

指数函数是非常重要的一类函数，这不仅体现在高中数学学习上，也体现在现实生活中。生活中很多现象也可以用指数函数进行解释。合抱之木，生于毫末；九层之台，起于累土；千里之行，始于足下。同学们每天努力一点点，就能成就指数级增长的美好人生！

【设计意图】

2020年，全国上下众志成城，防控新冠肺炎疫情。为响应"停课不停学"，天津市第五中学开展了"三生教育"云课堂活动。借助学校搭设的平台，笔者希

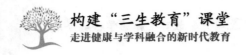

望能结合学生们时时刻刻都在关注的新冠肺炎疫情,通过学生们喜闻乐见的方式将课本上的数学知识说得清楚、讲得明白,提升学生们学习数学的兴趣。同时,借助中国防控新冠肺炎疫情的阶段性胜利,激发学生们的民族自信心和自豪感,培养学生的爱国主义情怀。

课程标准指出,学生是教学的主体,教师应该从学生的认知规律出发,以学生活动为主线,在学生原有知识的基础上,建构新的知识体系。指数函数是高中数学必修一的重要内容,是继函数的概念和性质之后在高中阶段非常重要的一类基本初等函数。对指数函数图像与性质的研究可以进一步深化学生对函数概念的理解与认识,初步培养学生的函数应用意识,为学生今后学习其他初等函数奠定基础。函数思想不仅体现在高中数学的学习上,在现实生活中,很多现象也可以使用指数函数进行解释。可以说,指数函数的知识与我们的日常生产、生活和科学研究有着紧密的联系,尤其在细胞分裂、贷款利率的计算和考古中的年代测算等方面,学习指数函数有着广泛的现实意义。

本次学科云课堂活动中,笔者意在引导并带领学生们详细推导和建立关于新冠肺炎的最简单的两个数学模型,并用其观察世界上主要国家疫情防控的情况,预估各个国家目前处于防控的哪个阶段、还需要多久才能取得疫情防控的阶段性胜利。通过跟世界上其他主要国家疫情防控情况的对比,展现中国防控疫情取得的伟大胜利,激发学生们的爱国主义情怀,培养学生们的民族自信心和自豪感。

通过对新冠肺炎疫情数学模型的详细推导过程,培养学生们学习数学的兴趣;培养学生们的独立性和创造性;培养学生们严谨求实、勇于探索的创新精神;培养学生们的诚信观念、刻苦钻研的顽强毅力。通过让学生们积极参与探索和建立数学模型的过程,鼓励学生们发现问题,迎接挑战,激发斗志,引导学生们在简单的具体问题中抽象出共性，体验从简单到复杂、从特殊到一般的认知规律。

气溶胶传播

■ 王 虹

2020年2月8日,上海市政府举行新冠肺炎疫情防控新闻发布会。在发布会上,卫生防疫专家表示,新型冠状病毒感染的肺炎传播途径主要为直接传播、气溶胶传播和接触传播。气溶胶传播是指飞沫混合在空气中,形成气溶胶,吸入后导致感染。

2020年2月18日,中国疾控中心传染病处研究员冯录召表示,新冠肺炎目前主要通过飞沫传播和接触传播,在某些特殊的条件下才可能发生气溶胶传播,例如进行临床气管插管等专业医疗操作时。

2020年3月3日,国家卫健委发布的《新型冠状病毒肺炎诊疗方案(试行第七版)》,提到"经呼吸道飞沫和密切接触传播是主要的传播途径。在相对封闭的环境中长时间暴露于高浓度气溶胶情况下存在经气溶胶传播的可能。由于在粪便及尿液中分离到新型冠状病毒,应注意粪便及尿液对环境污染造成气溶胶或接触传播。"

上述新闻中,我们注意到一个名词"气溶胶传播",这一讲就让我来带领大家学习有关气溶胶、微生物气溶胶以及气溶胶传播的有关知识。

一、什么是气胶体

人教版普通高中化学教材对胶体给出了如下的定义：胶体属于分散系的一种，其分散质粒子直径介于$1\sim100nm$之间，是一类介于溶液和浊液之间的较稳定的分散系。根据分散剂和分散质的状态（固态、液态、气态）不同，胶体又可以分为九小类，而我们通常所说的气溶胶指的是分散剂是气体的一类，天空中的云、雾、尘埃，锅炉和各种发动机里未燃尽的燃料所形成的烟，采矿过程、采石场采掘与石料加工过程和粮食加工时所形成的固体粉尘，人造的掩蔽烟幕和毒烟等都是气溶胶的具体实例。这其中"烟"是固体小颗粒分散在空气中形成的气溶胶，"雾""云"是液体小液滴分散在空气中形成的气溶胶。

气溶胶具有胶体性质，对光线有散射现象（丁达尔效应）、电泳、布朗运动等特性。当一束光照射气溶胶时能发生光的散射现象，这也就是我们在课本上学到的丁达尔效应，比如当日光从窗隙射入暗室，或者光线透过树叶间的缝隙射入密林中、放电影时幻灯机射到银幕上的光柱都属于丁达尔效应，当然气溶胶对光线具有的散射现象也是使天空成为蓝色、太阳落山时天空更成为红色的原因。大气中的固体和液体微粒进行布朗运动，这些固体和液体微粒不因重力而沉降，扩散速度慢，可悬浮在大气中长达数月、数年之久。

我们通常采用单位体积气溶胶内粒子的数目（数浓度N）、粒子的总表面积（表面积浓度S）或粒子的总体积（V）或总质量（M）来表示颗粒物的浓度。当气溶胶的浓度达到足够高时，将对人类健康造成威胁，尤其是对哮喘病人及其他有呼吸道疾病的人群。空气中的气溶胶还能传播真菌和病毒，这可能会导致一些地区疾病的流行和暴发。

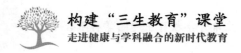

二、微生物气溶胶

微生物气溶胶是一种特殊的气溶胶,其是由悬浮于空气中的微生物所形成的胶体体系,按其形成组分可分为病毒气溶胶、细菌气溶胶和真菌气溶胶。

病毒是最小的微生物,直径在 $0.02 \sim 0.3\mu m$,虽然病毒只能在寄主细胞内繁殖,但在没有寄主细胞的条件下仍可附着在如呼吸道分泌物等液滴上形成病毒气溶胶而通过空气传播,进而导致传染病的发生,如新冠肺炎、流感、腮腺炎、麻疹等。细菌气溶胶通常是单独存在或由其他粒子携带,病原性细菌易对人体健康造成危害;真菌气溶胶常常存在于潮湿的环境中,室内环境中的霉菌等易导致哮喘、过敏性鼻炎。微生物气溶胶如细颗粒物一样,能够进入人体呼吸系统,在人的呼吸道甚至肺部中阻留或沉降,其生物活性又使得微生物气溶胶较普通气溶胶而言对人类威胁更大。

三、气溶胶传播

要了解气溶胶传播,首先要了解空气传播。空气传播泛指易感人群吸入含有病原体的微小颗粒物。随着检测技术的发展,人们发现在说话、咳嗽或者打喷嚏时,可以检测到亚微米、超微米级的颗粒。由于对空气传播认识的加深,科学家进一步提出气溶胶(aerosol)的广义概念:气溶胶指悬浮在气体(如空气)中所有固体和液体颗粒(直径 $0.001 \sim 100$ 微米)。我们要重视气溶胶传播,但不必恐慌。气溶胶虽然容易形成,但要感染人并不容易,病毒需要达到一定的浓度才会感染人,但自然空气中带病毒气溶胶的浓度较低,远远达不到致病的程度。

由于一般气溶胶颗粒比较大,通常大于10微米,50微米以上的气溶胶颗粒最多，一般的医用口罩就可以阻挡这些气溶胶颗粒。特别小的气溶胶微粒（半径小于0.1微米），重量轻，在高空中会随风飘走，被人呼吸到的可能性不大。另外，气溶胶有电荷，发生聚沉后容易被破坏，存活度不高。而通过气溶胶形式悬停在衣物、皮肤的病毒，只有极微小的比例能通过手部触摸进入眼、口、鼻。这样的病毒量，引发疾病的可能性不高。要进一步理解气溶胶传播，需要明确气溶胶的空气动力学，我们以咳嗽为例：

时间点①：A产生羽流状气溶胶，B同时受到大直径的飞沫接触并吸入小直径的微粒，而远距离的C未受影响。

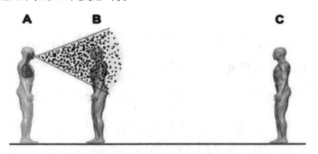

图1　时间点①中A、B、C三人接触气溶胶情况示意图

时间点②：气溶胶开始扩散，许多大的气溶胶颗粒开始沉降，B只吸入小直径微粒，C仍未受影响。

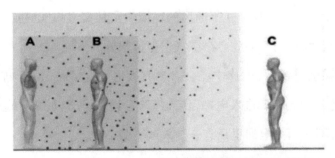

图2　时间点②中A、B、C三人接触气溶胶情况示意图

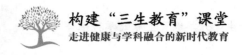

时间点③：气溶胶进一步扩散，大颗粒日溶胶沉积在地面，B和C均可吸入小直径微粒。

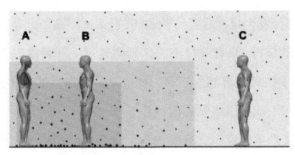

图3　时间点③中A、B、C三人接触气溶胶情况示意图

狭义的气溶胶传播指的就是时间点③C吸入悬浮微粒的这个过程。

气溶胶存在于空气里还能开窗通风吗？

对于一般小区的居民，能开窗通风。要减少悬浮的气溶胶的影响，适当的通风是必要的。例如在建设医疗设施时，往往采用上进下出的方式，替换房间内的污染空气。但需要注意的是，气溶胶是有可能随空气流动的，由于气流方向不当，可导致带病毒的气溶胶流向干净的区域。如果有居家隔离者，必须单间隔离，或处在全屋出风的位置，公共区域或其他房间自然通风时，必须关闭患者所在屋子的门窗，同时注意不要用风扇等高流速设备通风，以免引起湍流，让本已沉降的微粒重新悬浮。在不通风的环境中尤其要当心气溶胶，因为不通风的环境中，包含病毒的气溶胶会在空气中停留很久。

如患者乘坐电梯后，电梯中就会有含有病毒的气溶胶，由于电梯空气流通较差，如果健康的人随后进入电梯，传染风险会增加。所以，进入电梯的人都建议佩戴口罩，不能因为电梯里只有一个人就不戴。

此外，含病毒的气溶胶可能沿中央空调系统、下水道系统等相对封闭的循环系统进入房间。需要特别注意的是全空气系统的中央空调,不同房间内空气会交叉流动,容易造成交叉感染。这类中央空调一般用于商场、机场、体育馆、礼堂、影剧院等场所,所以这些场所在疫情期间要停用。为防止气溶胶通过下水道的传播,需及时给地漏加水,形成有效的堵塞,以免气溶胶逆行进入室内。防臭地漏可有效避免气溶胶逆行。

目前,国内新冠肺炎疫情基本已经控制,内防反弹、外防输入将是今后相当长一段时间的对策。同学们要积极做好个人防护,保持合理的社交距离,养成良好的卫生健康习惯,注意戴口罩、勤洗手、多通风,咳嗽或打喷嚏的时候用纸巾、手绢或者用手肘遮住口鼻,尽量扭身避开别人,这样能够防止飞沫喷溅到更远的距离;就餐时,公筷分餐,快进食,少说话,相互交流不宜近,避免握手和拥抱。只要大家落实好国家和各级政府及卫生部门提出的防疫措施,每个人都为自己的健康负责,做好个人防护,我们必将战胜新冠肺炎疫情,全面恢复正常的生活。

【设计意图】

2020年新年伊始,新冠肺炎疫情暴发,全国各地的人们通过媒体了解疫情的发展,2月8日,在上海市政府举行的新冠肺炎疫情防控新闻发布会上,卫生防疫专家表示,新型冠状病毒感染的肺炎传播途径主要为直接传播、气溶胶传播和接触传播。从此"气溶胶传播"一词经常出现,此时对于接触过这部分知识的高中生而言,是进行更加深入学习的最好的时机。

本节课首先以三条新闻引入,一是新型冠状病毒肺炎传播的主要途径,二是说明在某些特殊的条件下才可能发生气溶胶传播,最后是国家卫健委发布的《新型冠状病毒肺炎诊疗方案(试行第七版)》有关气溶胶传播的描述。从这三

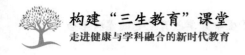

条新闻引出本课主题——气溶胶传播。

为了讲清楚气胶体的概念,教师按照分散质粒子大小列举了大量生活中常见的物质,如烟、云、雾等,同时从胶体所具有的性质出发,说明气溶胶在做布朗运动,不因重力而沉降,扩散速度慢,可悬浮在大气中长达数月、数年之久。这说明当带有病毒的气溶胶浓度达到足够高时,将会对人类健康造成的威胁。

病毒气溶胶是微生物气溶胶的一种,在没有寄主细胞的条件下仍可附着在如呼吸道分泌物等液滴上形成病毒气溶胶并通过空气传播,能导致传染病的发生,如新冠肺炎、流感、腮腺炎、麻疹等,这说明了病毒传播的可能性。我们要重视,但不必恐慌。

气溶胶虽然容易形成,但要感染人并不容易,病毒需要达到一定的浓度才会形成感染,而我们还有措施进行预防。通过三个不同时间点的分析,就可以得出"保持一定距离"可以不受大浓度气溶胶的危害。这一步的学习可以减轻疫情给同学们造成的紧张和恐惧。

目前,国内新冠肺炎疫情基本已经得到控制,这证明了当前戴口罩,尽量减少外出,不聚餐,不扎堆等的必要性。我们要在日常生活中做到保持合理的社交距离,养成良好卫生健康习惯,"做好自己健康的守门员和责任人"是本课的教学目标。

第三章
基于生存态度教育主题的学科融合

　　线上教学对于教育发展而言不仅仅是一次挑战，更是重要的教育契机。天津市第五中学清楚地意识到，学校的使命不仅是落实线上教学工作，更重要的是坚持与时俱进，结合真实情境，发掘学科与生存态度教育之间的关联，开辟学科课程育人的实践路径，发掘学生自身潜力，促进学生实现全方位发展。在云课堂中，教师精心备课，带领学生思考、求解、拓展，从中探究知识奥秘，让学生真正感到知识的应用价值，在增强信心的同时，不断巩固学科知识，为自身发展积蓄力量，真正实现对学生的生存态度教育与学科的紧密融合。

灾难面前，看家国情怀

■ 张 濛

2020年春，面对新型冠状病毒这场没有硝烟的战争，全国同胞挽手并肩，迎难而上，在平凡的岗位上用执着和坚守诠释着最美逆行，用责任和担当演绎着一个又一个不为人知的感人故事。他们有一个共同的身份——中华儿女，他们有一种共同的情怀——家国情怀。今天，让我们一起走进"三生教育"云课堂，灾难面前，看家国情怀。

一、跨越时空阻隔，感受家国意蕴

五千年的华夏文明，从范仲淹"先天下之忧而忧，后天下之乐而乐"的大任担当，到林则徐"苟利国家生死以，岂因祸福避趋之"的大我胸襟，再到周恩来"为中华之崛起而读书"的壮国之志，字里行间满是家国情。在新时代的今天，家国情怀有着怎样的内涵呢？

"一玉口中国，一瓦顶成家。都说国很大，其实一个家。一心装满国，一手撑起家。家是最小国，国是千万家。"歌曲《国家》生动地演绎了浓浓的家国情。家国情怀首先是家国同构：没有国，哪有家？没有国的完整，哪来家的周全？国家好，民族好，家庭和个人才能好。家国情怀的内涵之二是共同体意识：我们个体与家、国"同呼吸、共命运"，我们每个人的命运与国家的命运都是紧密相连

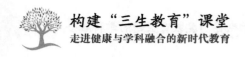
的,我们与国家是一个整体。家国情怀的内涵之三是仁爱之情:无数的远方、无数的人们,都和"我"有关,我们和14亿中华儿女都处在一片蓝天下,同甘共苦、同舟共济,深情大爱是我们的真实写照。

中华民族是从艰难困苦中一步一步走过来的。多难兴邦,新冠肺炎疫情成为我们认知并形成家国情怀最生动的课堂,习近平总书记"我将无我,不负人民"的庄严承诺,写满了人民至上的情怀与担当。

二、习近平总书记:"我将无我,不负人民"的庄严承诺

(播放视频《非常日历》)

新冠肺炎疫情发生以来,习近平总书记心系万家冷暖,情牵百姓安危,多次强调人民至上,生命至上,贯彻坚定信心、同舟共济、科学防治、精准施策的总要求,坚决打赢疫情防控的人民战争,总体战、阻击战。因为在习总书记看来,我们个人的命运、家庭的幸福,国家的前途,是命运交织,融为一体的,是同频共振,相偎相依的。

在党中央的坚强领导下,我们身边涌现出了无数平凡人不平凡的壮国之志和家国情怀。

三、逆行者们:厚植家国情怀,聆听家国故事

(播放视频《逆行者》)

心中有家,温情暖暖,心中有国,意重情深。家国情怀从来不是一句空洞的口号,而是一份沉甸甸的责任担当。他们是舍家为国,甘愿化身战士的"最美逆行人";他们是为保证新冠肺炎疫情期间人们出行无碍,依然在路上奔波的公交司机;他们是建设火神山医院、雷神山医院24小时昼夜不停的施工工人;他们

是为保障人民生活需要，穿梭在大街小巷的快递小哥，是为保障疫情防控物资供应，在车间争分夺秒生产的生产工人。他们说："只有大家好了，小家才会好。"家是最小国，国是千万家。天下兴亡，匹夫有责。正是这一个个普通人团结起来，构成了抗击疫情的磅礴伟力，筑牢了疫情防控的坚固防线。

曾几何时，"90后"的身上贴着不少"标签"：撒娇、任性、自我……然而在新冠肺炎疫情期间，在4.2万多名驰援湖北的医护人员中，有1.2万多人是"90后""95后"甚至是"00后"，尽管他们因为年轻显得有些青涩，但他们说："十几年前抗击'非典型肺炎'，前辈们守护我们，现在换我们来守护大家。"

李佳辰是北京大学第一医院一名"90后"护士，她的妈妈是北京市大兴区人民医院的一名护士长，2003年曾参加抗击"非典型肺炎"，新冠肺炎疫情暴发后，她就鼓励李佳辰支援武汉，当李佳辰真到了前线，她却忍不住担心。因此，她写下了自己对女儿的爱和牵挂。女儿带着妈妈的叮嘱，每天奋战在重症病房，一个人要照顾五六名重症患者，输液、打针、测血糖和血压，负责重症患者的生活起居，每一样工作李佳辰都尽心尽力。李佳辰在给妈妈的回信中说："如今，我也像当年的您一样，肩负使命，站在这个没有硝烟的战场上。放心吧老妈，我定会不辱使命，照顾好我的病人。放心吧老妈，你的女儿已长大。"一封封穿越两地的家书，浸润在字里行间的是化不开的家国情怀，萦绕在心间的是挥不去的家国思绪。

只要我们善于发现，英雄就在我们身边。在我们天津这座城市，无数的普通人默默坚守，在小我和大爱中取舍，一起为我们筑起一道道安全的"防疫墙"。下面让我们共同感受天津人、红桥人与祖国同呼吸、共命运的时代精神。

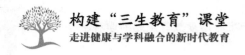
四、天津：彰显深情大爱，践行责任担当

一座城，一条心，新冠肺炎疫情当前，天津市委书记李鸿忠第一时间传达学习贯彻习近平总书记重要指示精神，以人民为中心，多次暗访、调查，以身作则，主动接受体温检测。天津疾控中心分析宝坻商场感染源的视频，被网友称为"福尔摩斯探案"。天津700多名驰援武汉的白衣天使将爱心、勇气化作疫情防控的力量，为大爱逆行。天津企业同样有担当，据不完全统计，新冠肺炎疫情期间，仅天津企业的捐款和物资就已达到几十亿人民币，这些善举完全出自天津企业的社会责任感和深情大爱。

天津市红桥区中医医院仅用5天时间就建成发热门诊，彰显红桥速度；红桥西沽街道最美网格员李莹，执勤、登记不曾休息，病毒虽无情，但人间有爱。在天津市第五中学的校园中，一群可爱的老师们、家长们、同学们，他们在用自己的实际行动展现着自己的家国情怀。病毒终将结束，但我们与祖国和人民唇齿相依、生死与共的爱和真情却将长存。

五、天津五中人：坚定理想守初心，谱写青春谱华章

（播放视频《五中大爱篇》）

在"三生教育"课堂筹备中，在学校领导班子的带领下，领导及老师们做了大量工作，大家从2020年1月21日便开始全力奋战在一线，照顾近500名新疆班学生的生活，为安全防疫、复课开学做了既充分又周密的准备。

在可爱的家长们中，有冲锋在前的医护人员，有夜以继日进行排查工作的社区工作者……他们正用行动抒爱国情、逐报国梦。天津市第五中学的学生们安心在家里认真学习，不忘关心国家，并用文字、图画、视频等形式记录下了每

一分感动，为中华儿女鼓劲、加油。

"中国加油""武汉加油"是我们全体中华儿女对伟大祖国最直接而又最深情的告白，在这960万平方公里的土地上，我们看到"国家兴亡，匹夫有责"的责任传承，我们也看到了"苟利国家生死以"的家国情怀。

习近平总书记说过，人的一生只有一次青春，现在青春是用来奋斗的，将来青春是用来回忆的。那么，我们要用我们的青春奋斗，为值得我们骄傲的中国不断努力！

一代人有一代人的"长征"，一代人有一代人的担当。新时代的今天，家国情怀绽放着新的光芒，我们要将小我融入祖国的大我，努力做一个有理想、有本领、有担当的时代新人，让家国情怀永驻心间。这个世界上，最伟大、最灿烂的爱国情感一定来自两种力量的伟大交织，那便是，我们深深爱着我们的祖国，而我们的祖国也深深爱着我们！

【设计意图】

本堂课以14亿中国人全民共同努力、战胜新冠肺炎疫情为素材，首先带领学生认知家国情怀的内涵，从习近平总书记"我将无我，不负人民"的庄严承诺到无数逆行者们迎难而上，砥砺前行的大我胸襟再到我们所在的天津这片土地上的深情大爱，最后到天津市第五中学师生及家长们的奋斗，展现了伟大的中国力量、蓬勃的中国精神，力求触动学生的心灵，引导学生扣好人生的第一粒扣子，争做一位有理想、有本领、有担当的时代新人。

跨越时空阻隔，感受家国意蕴。中华民族五千年文明，从古至今，笔者以歌曲《国家》引出家国情怀的三个内涵，激发学生学习兴趣，调动学生学习热情，引导学生从认识层面深化对家国情怀的理解，为后续家国情怀的生动体现奠定坚

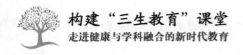

实基础。

习近平总书记"我将无我,不负人民"的庄严承诺,写满了人民至上的情怀与担当。通过播放视频《非常日历》,让学生感受习近平总书记心系万家冷暖,情牵百姓安危的家国情怀,引导学生了解国家战略,深化制度显著优势,树立疫情防控全胜的坚定信念和强大决心,培养学生的民族自信心和自豪感。

逆行者们:厚植家国情怀,聆听家国故事。视频《逆行者》中,从习近平总书记的庄严承诺到无数逆行者舍小为大、舍家为国的感人事迹,生动诠释了中国人浓厚炽热的家国情怀。通过展现白衣天使、公交车司机、施工工人、"90后"一线医务工作者等的事迹,一步步引导学生关心现实世界,心系祖国,感受大国精神和大国风范,从小学先锋、长大做先锋。

天津:彰显深情大爱,践行责任担当。通过展示天津召开新闻发布会、企业的捐款和物资、红桥区中医医院建成发热门诊、西沽街道最美网格员等图片,让学生们明白,在我们身边有无数勇挑重担、迎难而上的天津人、红桥人,进而引导学生们汲取榜样力量,以行动践行初心使命,做好力所能及的事,向身边的同学传递正能量。

天津五中人:坚定理想守初心,谱写青春谱华章。通过视频《五中大爱篇》,展示老师、家长、同学们用行动抒爱国情、逐报国梦的精彩画面,提升学生学习兴趣,触动孩子们的心灵,激发学生们为国学习、学有所为,奋发向上的热情。

新时代的今天,家国情怀绽放着新的光芒。课堂最后通过习近平总书记"人的一生只有一次青春,现在青春是用来奋斗的,将来青春是用来回忆的"金句,引导学生将小我融入祖国的大我,争做一位有大爱、有大德、有大情怀的人,让家国情怀永驻心间。

危机面前，看中华诗词文化

■ 吴　彬

2020年初，新型冠状病毒肺炎疫情突如其来，牵动着我们每个人的心。在这场抗"疫"战斗中，全国上下勠力同心，共渡难关。大家在捐赠物资上会发现"山川异域，风月同天""青山一道同云雨，明月何曾是两乡""云海荡朝日，春色任天涯""尼莲正东流，西树几千秋"……一句句典雅的诗句传递着温暖和力量，捐赠物资加古诗已成为"标配"。"山川异域，风月同天"出自唐代长屋的《绣袈裟衣缘》，意思是"我们不在同一个地方，未享同一片山川，但当我们抬头时，看到的是同一轮明月"；"青山一道同云雨，明月何曾是两乡"出自唐代王昌龄的《送柴侍御》，意思是"两地青山同承云雨，一轮明月之下，我们又何曾身处两地？"；"云海荡朝日，春色任天涯"出自明朝李日华赠送给意大利传教士利玛窦的诗文，意思是"旭日在云海中升起，任凭春色满天涯"。诗词是中华民族独特的精神文化产物，中华优秀传统文化是中华民族的根与魂。面对新冠肺炎疫情，中国人民正通过诗词向世界传递着共同携手捍卫人类生存领地的暖意。

一、诗词

对于诗词的学习，我们平时采用朗诵、背诵、默写、引用、化用等形式。我们简单地把这些形式分为两类：一类为朗诵、背诵、默写，一类为引用、化用。

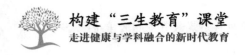
朗诵、背诵、默写的目的在于识记,我们可以采用多种方法进行识记,谱曲唱诵是现在比较流行的一种方法,也有人称其为吟唱。有的人采用原诗词谱曲,如苏轼的《水调歌头·明月几时有》(王菲演唱的《水调歌头》)、李煜的《虞美人》(邓丽君演唱的《几多愁》)。有的人改变原诗词再谱曲,为诗词传诵注入新的活力,如中央电视台电视节目《经典咏流传》就是其中的典型。当然我们推崇的还是原音吟唱。这里我们不得不提到一个人,那就是叶嘉莹先生。叶嘉莹先生是南开大学中华古典文化研究所所长,博士生导师,一生与诗词相伴,年过耄耋,还一直为弘扬中华文化做着不懈的努力。

再说引用、化用。引用是指在说话或写作中引用现成的话,如诗句、格言、成语等,以表达自己思想感情的修辞方法。前面提到的"山川异域,风月同天""青山一道同云雨,明月何曾是两乡"都是采用引用的方法。我们平时写作文或者写文章也常常使用引用的方法。化用诗词也是帮助我们写作的一种手段,这需要使用者对诗词有比较深的理解和积淀。如"床前的明月光,永远是思乡的霜露""夕阳映红的古道上,斜长的一抹,是被西风吹瘦的马的影子"。

二、对联

除了诗词,我们在抗"疫"捐赠物资上还看到了很多对联。

(一)对联的起源与发展

对联,又称楹联或对子,是写在纸、布上或刻在竹子、木头、柱子上的对偶语句。对联是我国人民普遍喜爱的一种民族文化形式,人民群众在婚丧嫁娶、节假、寿辰等重要时刻时,都喜欢用对联来表示庆贺或悼念之情。在春节时期应用最广的对联称之为春联。春联,也叫"门对""春贴""对联""对子",是一种独特的中国文学形式。春联以工整、对偶、简洁、精巧的文字描绘时代背景,抒发美好愿望。每逢春节,无论城市还是农村,家家户户都要精选一副大红春联贴于门上,辞旧迎新,以增加节日的喜庆气氛。春联源于古代的桃符。清代《燕京时岁记》上记载:"春联者,即桃符也。"当时的"桃符"是挂在大门两旁的长方形的桃木板,上面写上"神荼""郁垒"二神名,以驱鬼避邪。五代十国时,宫廷里,有人在桃符上题写联语,据《宋史·蜀世家》说:后蜀主孟昶令学士辛寅逊题桃木板,"以其非工,自命笔题云:'新年纳余庆,嘉节号长春'",这便是我国有文字记载的第一副春联。直到宋代,春联仍称"桃符",王安石的诗中就有"千门万户曈曈日,总把新桃换旧符"之句。后来,由于纸张大量生产,桃符逐渐由桃木板改为纸张,叫"春贴纸",这便是贴春联的开始。春联普及盛行于明朝。据《簪云楼杂说》载:"春联之设,自明太祖始。帝都金陵,除夕忽传旨,公卿士庶门上须加春联一副。太祖微行出观,以为笑乐。"朱元璋为王公大臣们御书春联,赐给中山王徐达的对联是:"破虏平蛮,功贯古今人第一;出将入相,才兼文武世无双。"赐给陶安的对联是:"国朝谋略无双士,翰苑文章第一家。"由此可见,因为帝王身体力行,再加上文人墨客的喜爱,广大群众的传播,春节贴春联便作为风俗习惯流传下来。

(二)对联的特点

对联的特点是既要有"对",又要有"联"。即形式上成对成双,彼此相"对";上下文的内容互相照应,紧密联系。一副对联的上联和下联,必须结构完整统一,语言鲜明简练。对联的特点概括起来是"六相":一是字数要相等,二是词性相当,三是结构相称,四是节奏相应,五是平仄相谐,六是内容相关。

除此之外,我们还要区分对联、对偶和对仗。

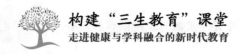
三、对联、对偶和对仗

初看,对联、对偶和对仗好像是一回事。细品之下,其实不然。

对联:我们刚才说到,对联也称"楹联""对子",是一种由字数相同的两句话组成的对仗工整,韵律协调,语义完整的文学形式。对联的形式工整,平仄协调,是汉语语言特有的文学形式,是中华民族的文化瑰宝。

对偶:对偶是对联的一种基本表现形式,时用两个结构相同、字数相等、意义对称的词组或句子来表达相反、相似或相关意思的一种修辞方式。如白居易《钱塘湖春行》中的"乱花渐欲迷人眼,浅草才能没马蹄"。

对仗:队长是中古时诗歌格律的表现之一。诗词中要求严格的对偶,称为对仗。对仗主要包括词语的互为对仗和句式的互为对仗两个方面。对仗在骈文、律诗、辞赋中较为常见。如杜甫《阁夜》中的"五更鼓角声悲壮,三峡星河影动摇"。

【设计意图】

抗"疫"物资上写的"山川异域,风月同天"引用了中国的古诗词。所以笔者以此作为突破口,从古诗词的角度入手,分析疫情防控中的中华诗词文化。

课程从抗"疫"物资上诗词的意思开始讲起,让学生了解为什么要引用这些诗词。无论是"山川异域,风月同天"还是"青山一道同云雨,明月何曾是两乡",这些诗词表达的都是人虽分两地,但情同一心的深情厚谊。那么,我们是通过什么方式学习诗词的呢?我们是通过朗诵、背诵、默写、引用、化用等形式学习诗词的。这些形式我们可以分为两类,一类是朗诵、背诵、默写,目的在于识记。另一类是引用、化用。对诗词的处理,如果单单使用引用的方法,是水平比较低的方法，真正高水平使用诗词的方法，应该是对诗词有更深的理解和积淀后化用诗词的方法。但化用诗词容易破坏诗词的音韵，诗句读起来也不朗朗上口。既要体现水平高，又要读起来押韵，怎么办？除了诗词，我们还有对联。在抗"疫"捐赠物资上使用的很多的还有对联。

在部编版语文教材七年级下册的第六单元综合性学习"我的语文生活"中就有"寻找最美对联"的活动。活动中提到对联是我国传统文化的瑰宝，是活的文化遗产，充分体现了汉字的奥妙、魅力和传统文化的意蕴。但"我的语文生活"中没有对对联进行详细的介绍。本课重点介绍了对联的起源与发展，对对联进行普及性介绍，希望学生能够初步掌握对联的特点，可以尝试初步创作。

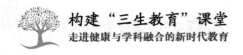
伟大奇迹中看制度优势

■ 王志男

2020年伊始,农历春节期间,中国人民本应享受合家团圆的喜悦,因为新冠肺炎疫情,举国上下按下了"暂停键",城市没有了往日的喧闹与繁华,十四亿人民戴起了口罩……然而,白衣天使奋战一线、专家赶赴疫区救援、各省市对口帮扶、志愿者们行走于大街小巷。我们的祖国中国总是被勇敢的人民保护得很好,但是世界呢? 让我们一起对比各国的状况,进一步认识社会主义制度的优势。

一、以人民为中心,党和政府在行动

"生命重于泰山。疫情就是命令,防控就是责任。"2020年1月25日,农历正月初一,习近平总书记主持召开了一次特殊的中共中央政治局常委会会议,对新冠肺炎疫情防控工作进行全员再研究、再部署、再动员,"全面落实联防联控措施,构筑群防群治的严密防线"。1月28日,习近平总书记在人民大会堂会见世界卫生组织总干事谭德塞,传达了中国共产党"以人民为中心"的执政理念。3月10日,习近平总书记赴湖北武汉考察疫情防控工作,在关键时刻对疫情防控工作做出指导,"始终把人民群众生命安全和身体健康放在第一位""做好深入细致的群众工作"。从火神山医院、雷神山医院的迅速建成,各地方舱医院的紧急布置,新冠肺炎患者应收尽收、应治尽治,这都体现出了中国共产党和国家坚持生命至上、人民至上的理念,凸显出大国领袖始终以人民为中心,体现了中国共产党的初心和使命。在党中央的统一领导之下,国务院联防联控机制加大政策协调和物资调配力度,保证全国范围的物资供应,全国各地一方有难、八方支援,各省市医护工作人员火速驰援湖北……这些无不是在党中央领导下国家集中力量办大事的体现,无不是我国现代化治理能力的展现。可以说,有了这样的制度优势,我们就有了化危为机、化险为夷的机会,更有了推动社会主义现代化事业取得成功的不竭力量。

然而,反观其他各国采取的应对措施,有日韩一开始的疏忽大意、英国的"群体免疫"、美国的"限制性监测",这些都是以牺牲普通民众的生命健康为代价的,遭到了各国人民的反对。由于社会制度的差异,资本主义国家私有制的特性决定了他们采取的举措都以维护资产阶级和统治阶级的利益为出发点,即使面对严重的疫情,依然不会改变。中国秉承着"全心全意为人民服务"的宗旨,不放弃任何一位患者,调动国内一切资源积极救治,防控疫情才取得了如今的成果。

二、全民动员,齐心协力抗"疫"

中国特色社会主义制度在保障全国各族人民大团结的前提下,把十四亿中国人民凝聚起来,在新冠肺炎疫情防控阻击战中,人民群众是打赢这场疫情防控阻击战的主体和力量源泉。在这次没有硝烟的战争中,中国人民无一例外地全部参与疫情防控工作,这深刻印证了"人民是历史的创造者"。中国在短时间内动员起人民投入疫情防控工作,这是其他任何制度都不能比拟的,充分体现了我们依靠人民群众集中力量办大事的制度优势。中国特色社会主义制度符合我国的国情,集中体现了中国特色社会主义的特点和优势。中国特色社会主

义制度是当代中国发展进步的根本制度保障。

三、践行人类命运共同体的理念

中国是人类命运共同体理念的倡导者。党的十八大报告正式提出"倡导人类命运共同体意识"。在新冠肺炎疫情期间,中国本着公开透明的态度开展国际合作,积极与世界卫生组织和其他国家分享病毒基因序列等信息,为国际科研力量研制疫苗提供了有力支撑。不仅如此,中国还向疫情严重的国家捐赠医疗防护物资,派出医疗防护专家救援队,分享中国的成功经验。

中国特色社会主义国家制度和治理体系,为中国发展进步提供了根本保障,在这次抗击新冠肺炎疫情的实践中展现出多方面的优势。在中国共产党的领导下,国家集中力量办大事,为全国疫情防控提供了强大的支持力量,我国制度优势再次得到充分发挥。把人民群众生命安全和身体健康放在第一位,把疫情防控工作作为当前最重要的工作来抓,这是应对新冠肺炎疫情蔓延的严重形势做出的具体部署,也是保护民众生命安全与健康的关键之措,体现出深深的人民情怀。中国疫情防控措施快速、高效、公开、透明,得到国际社会的普遍肯定,制度优势在其中发挥了根本作用。

经此一役,2020年必将载入史册。作为见证者的我们,作为生活在当代中国的我们,充分体会到了党和国家给我们的生命安全保障和幸福生活保障。面向世界的中国,越发展示出大国胸怀与承担人类命运共同体的大国责任,这根本的原因都要归结到党和国家以人民利益为出发点的立场与使命,归结到我们的制度优势。在我国以后的发展中,社会主义的制度优势必将闪耀出更加灿烂的光芒!

【设计意图】

2020年，一场突如其来的新冠肺炎疫情在带给世人灾难的同时，也让世界见证了中国速度、中国力量与中国精神。延期开学，闭关宅家，停课不停学……种种我们从未遇到过的情况纷至沓来，作为一名思想政治教师，如何在此期间发挥思想政治教育的政治引领作用，如何把握在线课堂，如何在这过程中持续改进等都成为笔者要思考的问题。在灾难面前，我们必须风雨同舟、携手共进，把疫情、灾难变成教材，共同完成好这场生命教育、信念教育、科学教育、道德教育。面对疫情的大发展、全球大流行，我们无法像医护工作者一样深入一线，但作为新时代思想政治教育工作者，我们可以肩负起新的挑战之下的"新兴课堂"，真正"把疫情、灾难变成教材"，这为我们换个视角看待疫情提供了良好的教育契机和生动的教育素材！

首先，教学方式的转变需要教学理念的跟进。新的学期，居家学习、网络授课成为所有人的挑战。思想政治教师在熟悉网络设备和用新的教学方式传递知识的同时，有必要基于国内外大环境，实时利用新闻、疫情播报为同学们学习相关知识点做好铺垫。教师可以结合本学期政治学科的知识点，以疫情防控为主题，挖掘典型事迹，搜集整理相关素材，资源共享，努力将线上课堂打造成为凝聚和传播正能量的大讲堂。一个个生动的案例能潜移默化地培育学生对我国制度的政治认同，彰显政治学科立德树人的育人功能。新冠肺炎疫情带给大家的不仅仅是一种体验，更应是一种思考、启迪，让学生会从中学会什么是一名政治教师的责任。

其次，"始终把人民群众生命安全和身体健康放在第一位""做好深入细致的群众工作"，习近平总书记这些话语无不体现我们党与政府人民至上的理念，

彰显着大国领袖的人民情怀,体现了中国共产党笃信坚守的政治伦理。人民群众蕴含着巨大的力量,是打赢这场疫情防控阻击战的硬核支撑。这些道理要内化于心,需要教师结合大家关注的时事政治、身边的人和事来为学生——展开。

最后,当今的世界没有任何一个国家是一座孤岛,各国的政治、经济、文化等方面错综交叉在一起,疫情当前,谁都不可能"独善其身"。中国是人类命运共同体理念的倡导者,本着公开透明的态度,我国开展国际合作,及时主动同世界卫生组织和其他国家分享有关病毒基因序列,为国际科研力量共同研制有效药物和疫苗提供了有力支持。作为一名教师,我们有必要让学生看到国家为世界做出的贡献,培养学生的爱国之情,增进自豪感,而这根本原因都要归结到党和国家以人民利益为出发点的立场与使命,归结到我们国家的制度优势。

全球化背景下的疫情防控启示

■ 张　骞

2020年，新冠肺炎疫情肆虐。在目前防范疫情的过程中，我们有哪些经验？当出现全球性的公共事件时，我们能够采取哪些措施进行有效应对？让我们带着这些问题，一起通过总结疫情防范的经验教训，回顾历史上的疫情防控事件，思考中国的贡献，获得一些启示。

一、各国防范疫情的经验教训

在这场仍未结束的战"疫"中，我们能够看到，中国在有效控制住疫情的同时，及时向世界卫生组织及相关国家通报相关信息，向各方传播救治经验，体现了大国的责任担当。

与中国采取的措施不同的是，英国强调"群体免疫"，美国全国上下并未采取一致、紧急和有效的应对措施。西方国家成千上万人丧失了宝贵的生命，付出了惨痛的代价。这凸显出许多国家在应对突发公共卫生事件的不足。

二、人类历史上的疫情与防控

人类发展的历史其实是与瘟疫不断抗争的历史。人类的迁移、战争、贸易等活动都在一定程度上加速了鼠疫、霍乱、流感等传染性疾病在多个国家和地

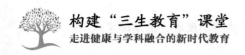
区的传播扩散。在这其中,查士丁尼瘟疫、欧洲中世纪的黑死病、1918——1919年大流感这三次瘟疫非常典型。

(一)查士丁尼瘟疫

公元6世纪40年代,一场瘟疫在拜占庭帝国境内首次暴发,然后在地中海沿岸的诸多城市迅速蔓延。当时的皇帝是查士丁尼一世,后人因此称这次瘟疫为"查士丁尼瘟疫"。腹股沟、腋窝、咽喉处淋巴结出现肿块,是当时的病人出现的典型症状。这场查士丁尼一世时期暴发的瘟疫其实是烈性传染病——鼠疫。在此后半个世纪,查士丁尼瘟疫在地中海地区周期性复发,并席卷欧洲多地,给拜占庭帝国造成严重的影响。这些影响包括:由于这种瘟疫传染性极强,在当时有限的医疗条件下,大量人口死亡,给拜占庭帝国带来巨大的人口损失;瘟疫的高死亡率引发人们对死亡的恐惧心理,人们迫切需要宗教的安慰和庇护,因而强化了拜占庭人对基督教的信仰。

(二)欧洲中世纪的黑死病

"黑死病(Black Death)"和之前的查士丁尼瘟疫一样,是一种鼠疫。黑死病于14世纪中叶暴发,此后半个世纪在欧洲地区多次复发。"症状表现为胳膊、大腿和全身长满黑斑或铅色斑点……在出现上述迹象后三天以内,患者几乎无一例外地死去"。在"黑死病"这一称谓中,"黑"并不只是意味着颜色,也代表当时人们对瘟疫的恐惧。"黑死病"这一称谓最早出现于19世纪英文历史读物的撰述中。关于其暴发原因,生物学家、社会学家、历史学家均参与讨论,先后提出鼠疫杆菌致病理论、多种病源共同作用论、炭疽病毒感染说。黑死病给欧洲带来的影响显而易见:由于其极强的传染性和极高的致死率,欧洲人口大规模减少。幸存的人们对教会宣传的"瘟疫是上帝对人类施加的惩罚"充满疑问,因为瘟疫过后,他们既没有被摧毁,也没有精神上的任何收获。再加上教会内部的贪污腐败等问题，人们对当时支配欧洲的罗马天主教会的看法逐渐发生了变化，教会逐渐失去了其思想上的主导地位。

然而也正是在这一时期，外科医生的地位逐渐提高，医学界开始重视对病理学、解剖学等方面的研究。城市卫生设施逐渐完善，卫生管理机构开始出现。如在15世纪，威尼斯建立了公共健康委员会，这一委员会拥有许多权力，如对药物生产和出售进行控制等。此外，简易有效的隔离检疫制度得以建立：人们将感染瘟疫的人关在屋子里，对感染瘟疫的人所用的物品进行销毁。面对死亡，人们开始珍视生命的价值和自我的价值，他们的理念也在这一时期诸多的优秀文学作品中有所体现，如薄伽丘的《十日谈》等。

（三）1918—1919年大流感

进入20世纪，与第一次世界大战如影随形的"魔鬼"仍然是瘟疫。"1918年已经过去了……人类反对人类的时代暂时结束了。不幸的是，就在这一年，出现了高致病性的传染病，导致了极高的死亡率。"这种"高致病性的传染病"由HIN1病毒引发，被学术界称为"1918—1919年大流感"。英国议会的档案记录中提道："第一波在1918年3月暴发于欧洲和美国，然后被传播到亚洲和非洲。第一波传染性很高，但不是特别致命。第二波在1918年8月开始于法国塞拉利昂和美国，与第一波相比死亡率增加了10倍。"当时主要的治疗措施有医学隔离、佩戴口罩、消毒等，体现了防护的进步性。翻阅史料，不难看出，在这次的事件中，因为人口的流动，战争在一定程度上加速了流感病毒的传播，然而，同时流感病毒的蔓延也加速了战争的终结，两者之间有相互影响的关系，都造成了人口的大量死亡。

面对复杂多变、传染性强的各类瘟疫，在历史上，许多国家都曾尝试着通过设立新的制度或联合的组织控制其蔓延。14世纪欧洲的国际港口为预防鼠疫设

立海港检疫制度，要求入境的船舶和人员在锚地停留、隔离40天；1851年第一届国际卫生大会在欧洲举行，探讨了霍乱、鼠疫和黄热病的防治问题；中国国境卫生检疫正式开始的时间是1873年，当时，为防止霍乱传播，上海、厦门制定了检疫章程，正式开始海港检疫。第二次世界大战之后，在处理当代全球疾病控制和公共卫生问题等方面，世界卫生组织最具有影响力。

三、共同构建人类卫生健康共同体，中国在行动

世界卫生大会是世界卫生组织的最高决策机构，其决议是世界卫生组织开展工作的基础。第73届世界卫生大会于2020年5月18日至19日以视频方式举行，在这次大会上，习近平主席在开幕式上发表致辞，提出应该共同构建人类卫生健康共同体。围绕这一主张，习近平主席提出了六项建议、五大举措，这对于增强全球防控疫情的信心，提高全球对突发公共卫生事件的管理应对能力有着重要意义。

习近平主席的致辞为全球化背景下疫情防控提供了最佳答案，中国也一直在贯彻团结合作的理念。早在2020年3月12日，国家卫健委就曾与世界卫生组织进行视频连线，共同举办了"分享防治新冠肺炎中国经验国际通报会"。中国一直强调发扬人道主义精神，先后派出医疗救援队伍前往韩国、日本、伊朗、巴基斯坦和意大利等国进行援助。中国坚持互利共赢理念，在第73届世界卫生大会开幕式上的致辞中，习近平主席宣布中国进一步支持全球抗议合作举措，并呼吁国际社会加大对世界卫生组织政治支持和资金投入，调动全球资源，打赢疫情阻击战。

亨利·欧内斯特·西格里斯特曾说过："每个个体的健康和幸福是社会的中心关切，人类的团结应该超越国籍、种族、宗教信仰的分界线，这才是文明的真

正准则。"中国一直有"大道之行,天下为公"的大同理想,中国古代仁人志士也有"为天地立心,为生民立命,为往圣继绝学,为万世开太平"的热血抱负。中国发挥着社会主义制度集中力量办大事的优势,有效控制疫情,同时,医护、科学家、工人、教师、公务员等所有社会主义的建设者们都奉献出了自己的力量,才有了今天的良好局面。我们只有珍惜当下,努力拼搏,才能一起迎接全世界疫情防控的胜利曙光。

【设计意图】

古罗马哲学家西塞罗说:"历史是生活的老师。"在历史学科的学习中,我们常说以史为鉴,其实说的就是历史的逻辑思维方法,即通过深入思考历史现象,经由对史实的分析综合和归纳演绎等方法来揭示历史发展的规律,以历史的经验去给现实的生活提供一定的启示。

纵观人类文明的发展进程,疾病一直如影随形,它与战争、殖民活动等掺杂在一起,以独特的方式干预了人类文明的发展,也让我们得以通过多个视角去对它进行重新观察和认识。在疫情防控过程中,我们获得了哪些教训,又能总结出哪些经验呢? 本课围绕这一教学目标来进行设计。课程共分为三个部分:一是回顾当下各国病毒防控的经验教训,二是介绍人类历史上的经验,三是介绍当下习近平主席关于共同构建人类卫生健康共同体的理念。

在前两部分内容中,通过回顾当下以及人类历史上三次较为典型的瘟疫作为例子,介绍瘟疫对人类历史各方面的影响,从而让学生认识到瘟疫在人类历史上的危害性以及它对文明发展进程的影响。瘟疫让人们提高了对生命健康的重视,尝试采取一些针对瘟疫的预防性措施,例如完善检疫隔离制度、设置管理机构等方法来推动世界多地区联合防范疫情。

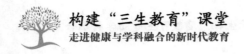

　　在此基础上，在第三部分，通过介绍处理当代全球疾病控制和公共卫生问题的权威性组织——世界卫生组织，来帮助学生了解，在全球化进程不断发展的今天，包括中国在内的世界上的许多国家都在世界卫生组织的领导下，积极参与治理全球公共卫生问题。在新冠肺炎疫情防控期间，中国在第一时间向世界卫生组织及世界上的其他国家传递疫情防控经验，团结合作，共同努力。

　　通过学习本课内容，学生将会认识到，在人类的历史进程中，我们不断获得教训，也通过总结教训形成历史经验，不断完善了防范疫情的措施，从而能够辩证地分析、评价瘟疫，真正做到以史为鉴。

战"疫"中的英语阅读理解和书面表达

■ 石庆富

2020年，新冠肺炎疫情防控让世界人民看到了中华民族的伟大，也让高三学子经历了难忘的备考。笔者根据《环球时报》的相关文章设计成英语高考阅读理解和书面表达题目，供同学们练习。相关文章原文部分内容已被简化和调整为符合高考的难度与篇幅。

一、阅读理解

A

The US has become the epicenter of the coronavirus, as more than 100,000 innocent people have died. As of May 27, confirmed cases for COVID – 19 in the US have risen to 1745803. Millions of Americans are staying at home, shuddering（颤抖）at the thought of infection. As many small and medium – sized companies run out of funds（基金）given by the US Congress, economic losses continue. More than 26 million laid – off（失业）workers have lost their income yet still have bills to pay.

The whole world has watched the American coronavirus mess. For a superpower with superb human resources and technologies, how did the situation become so serious, and what exactly went wrong? The tragedy happened because the US

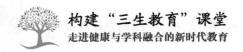
government took things too casually(随意). When China's Wuhan was suffering from the outbreak of the coronavirus, the US just took the bench(板凳) and looked on. Thereafter, South Korea, Iran, Italy and Spain took turns and suffered under the impact of the virus, and the US kept watching and did nothing, thinking that the pandemic would disappear miraculously(奇迹般地). While the US CDC started to research and develop a test kit(试剂盒), it was later proved to be seriously flawed(有瑕疵) because the CDC lab workers were not wearing secure protective gloves and gowns(长袍), and as a result, they contaminated(污染) the kits. What else did the Americans do at that time? US President Donald Trump took a long – distance flight to New Delhi and feasted with the Indian Prime Minister Narendra Modi. And, as US attacked Chinese government's decisive move to place Wuhan and Hubei on a clean lockdown(封城) to stop the virus' spread, it set itself a trap(陷阱), which lead to today's tragedy. Now, a good number of Americans begin to doubt their "American exceptionalism,"(优越) and they have 100 reasons to be suspicious(怀疑). How come the world's largest economic and military superpower cannot come up with effective measures to fight against the virus,and produce enough test kits and ventilators (呼吸机)? How come medics(医疗工作者) in New York and New Jersey put on rain coats while providing medical care to the needy? Incompetence will be only the one word other countries pin(钉) on the US, especially the Trump administration(政府).

1. What does the first paragraph mainly intend to tell us?

A. How serious the COVID – 19 is now in the world.

B. The current situation of the COVID – 19 in the US.

C. Why so many people in America have died.

D. Where the epicenter of the coronavirus is.

2. Which of the following statements is true about the US government?

A. It cares about the welfare of its people.

B. It never blames on other countries for its incompetence.

C. It didn't take the coronavirus serious at first.

D. It didn't care about its economy.

3. Why did the US kept watching and doing nothing when other countries were suffering under the impact of the virus?

A. Because the government thought the pandemic would disappear miraculously.

B. Because other countries didn't tell them the true situation.

C. Because the CDC lab workers were not wearing secure protective gloves and gowns.

D. Because the government was busy setting traps.

4. What does is the main reason for the terrible epidemic situation in the US?

A. lack of masks　　　　　　　　B. lack of ventilators

C. Americans exceptionalism　　　D. incompetence of its government.

B

In early March, the situation of the COVID – 19 epidemic in China was already improving, but the state of Sun Ling's father, who had been diagnosed(诊 断)with terminal lung cancer(肺 癌 晚 期), was growing increasingly severe. Deciding she didn't want to have any regrets, Sun, a young woman who works as a senior software engineer in New York, set off on a 42 – hour trip from New York to her home in Hunan Province so she could see her father for the last time before he passed away. After

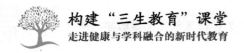
a week spent applying for a leave with her company, booking tickets and worrying about the rapid spread of COVID – 19 around the world, Sun finally boarded the flight that would take her from New York to Hong Kong and then on to Beijing on March 7. "People in New York didn't seem to be taking things seriously on the day I left. I did not see anyone wearing face masks on the streets nor on the subway on my way to the airport, and only a few people wore face masks on the flight from New York to Hong Kong." Sun said. After a 16 – hour flight, Sun arrived in Hong Kong, and then she was transferring directly to a plane to Beijing."Everyone wore a mask on the flight from Hong Kong to Beijing. And during the flight from Beijing to Changsha, Hunan Province, overseas passengers like herself were seated in the back of the plane to better quarantine them from domestic travelers. After landing in Changsha, Sun said she filled out another online form on her phone by scanning(扫描)a barcode and the staff(工作人员)told her she would have to be quarantined at home."This was a super long journey, I spent 42 hours going home." Sun said, sighing. On arriving home, she wiped her tears away and entered his room. She immediately felt heart – broken and helpless when she saw how much pain her dad was suffering.

After her father's passing away and the long quarantine period, Sun says she has come to understand the fragility(脆弱)of life. The secret of always being positive is accepting the truth, and laugh when you are down. No matter if it is a fake or a real laugh, in the end, you can face life with courage." she said.

1. Why did Sun Ling come back from New York to her hometown?

A. Because she was worried about the rapid spread of COVID – 19 around the world.

B. Because she loved her motherland.

C. Because she was diagnosed with the coronavirus.

D. Because her father was seriously ill.

2. Which of the following is true about her trip back home?

A. It didn't take much trouble.

B. It was a super pleasant journey.

C. She took three different planes.

D. She stayed in Hong Kong for 16 hours.

3. What does the underlined word "barcode" refer to?

A. a kind of disease

B. a kind of virus

C. something that can provide access to information

D. something that can offer you a bar of chocolate

4. Which can best serve as the title of the passage?

A. Life Is Fragile   B. A 42 – hour Trip back Home

C. A Heart – broken Experience of Covid – 19 D. The Secret of Travelling

【参考答案】

A篇：1. B   2. C   3. A   4. D

B篇：1. D   2. C   3. C   4. B

二、书面表达

假设你是一名高中生,有一位叫James的美国人很钦佩中国在抗击新冠肺炎疫情中所取得的成就,询问怎样在此期间保护自己。请你以李津的名义写一

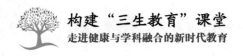
封邮件给他,提一些可行的建议。内容包括:出门必须戴口罩(mask);勤洗手,尽量待在家里;保持社交距离(social distancing)。请适当添加内容以使行文连贯。

【参考范文】

Dear James,

Knowing that you are terribly worried about the infection of the devastating pandemic in your country and that you are at a loss how to protect yourself, I am writing to offer you some practical suggestions proved to be effective in China, which, as you know, has successfully got the virus under control.

Firstly, do remember to wear a mask if you must go out, as wearing masks is acknowledged to be the simplest but most effective way to protect you from getting infected. Secondly, you are supposed to wash your hands as often as possible and stay at home. Remember "east or west, home is always the best", especially in such a scary situation in the US. Thirdly, it is wise to keep social distancing, a good way to stay away from those who are likely to have got infected with the fatal virus.

I hope my suggestions above will be of great help and everything will be okay if you take good care of yourself.

Best wishes

Yours

Li Jin

【设计意图】

2020年,伟大的祖国经受住了新冠肺炎疫情的考验。同时,疫情也考验着各个学校的教学。

英语学习遇上了新冠肺炎疫情,这对一部分同学来说真的是一场挑战。学习不自觉的学生因不能到校集中学习,没有老师现场监督而私下放松。其结果有三:第一,把自己原本不扎实的英语知识遗忘殆尽;第二,新学的知识掌握得不扎实;第三,形成了很多学习上的坏习惯。

在线上教学期间,笔者积极倡导自觉的学习理念,反复强化学生主动践行世界最高效学习法"费曼学习法"。学生在此期间并没有停下学习的脚步。较为自觉的同学借助网络时代的优势,学到了很多教材未曾涉猎的内容。这一方面锻炼了英语核心素养要求的信息获取与信息筛选能力;另一方面,培养了独自学习的能力。同时,学生也通过用所学英语了解海外各国应对新冠肺炎疫情的种种措施,看到祖国的伟大,看到党和政府始终把人民生命安全放在首位,从而进一步增强爱国之心,培养了爱国情怀。

在学生所学的各个科目当中,英语是最需要借助多种手段来学习的科目。在中国,同是语言科目的英语缺少了像语文那样的语言环境。一直以来由于条件有限,英语学习大多数局限于课堂上的书本学习。幸运的是,数字时代极大地丰富了英语学习可选择的方式。英语学习不再受地域和教材限制,天津市第五中学正是有效利用了云课堂提供了丰富多彩的"三生教育"内容,提高学生的语言学习能力。

笔者认为,学英语必须关心时事,英语理应和政治、历史一样承担起培养学生爱国精神的责任。学生通过阅读时政要闻可以了解国外大事,把握国际形势,这也正是学习英语的意义。笔者正是借助学校的云课堂平台,根据《环球时报》上的相关文章设计高考题阅读理解和书面表达题目,供同学们练习。这两篇文章提供了很多关于新冠肺炎疫情的信息和相关词汇,同学们能够据此丰富自己的知识储备。

第四章
基于生存经验教育主题的学科融合

　　如今，越来越多的人感受到健康生活方式的重要价值。天津市第五中学开发出一系列生存经验教育主题的教育课程，积极倡导师生通过文明卫生、绿色健康的生活方式，健康生活。拥抱绿色、健康的生活，不仅体现在科学规范的日常行为习惯中，也展现在饱满积极的心理状态上。在生存经验教育主题的教育课程的开展中，学校统筹家校社合力，将教学渗透到生活的方方面面，真正实现生存经验教育和学科的融合。

搭建化学学习的思维模型

■ 张　莹

2020年新冠肺炎疫情期间，科研工作者预测疫情发展情况使用的方法为模型法，即通过收集数据、建立模型进而做出预判。其实高中化学学习中也可以建立类似的模型思维，掌握这种思维方式，能够帮助我们快速做出判断，准确得出结论。

高中化学核心素养中提出了"模型认知"，要求学生能够认识化学现象与模型之间的联系，能运用多种模型来描述和解释化学现象，预测物质及其变化的可能结果；能依据物质及其变化的信息建构模型，建立解决复杂化学问题的思维框架。

模型是什么？模型思维又是怎样的思维？在化学学习中，我们该如何建立模型思维？下面就让我们一起来了解这种神奇的思维方式。

一、模型的定义

（一）什么是模型

模型是指通过主观意识借助实体或者虚拟表现、构成客观阐述形态、结构的一种表达目的的物件(物件并不等于物体，不局限于实体与虚拟、不限于平面与立体)。

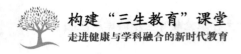
（二）模型的分类

模型构成形式可分为实体模型(拥有体积及重量的物理形态概念的实体物件)及虚拟模型(用电子数据,通过数字表现形式构成的形体以及其他实效性表现)。

（三）思维模型

思维模型是人凭借外部活动逐步建立起来并不断完善着的基本的概念框架和概念网络,是思维活动特征的总和或整体。思维模型体现了主体能动地反映客体的一种符号性能力,是主体改造客体的某种规则。

思维模型一般应包括以下因素:思维的目的、思维的过程、思维的材料或结果、思维的监控或自我调节、思维的品质、思维中的认知因素与非认知因素。思维结构是随着事物的发展和人的认识的发展而发展的,思维模型对人的认识具有重要作用,因为认识是主体对客体的反映,客体决定认识的内容,而客体对认识的决定作用是通过主体内部的思维模型实现的。

二、构建甲烷认知的实体模型

今天我们就先来谈谈借助实体模型的搭建深入思考化学物质性质的思维方法。通过对化学"必修二·甲烷"知识的学习,同学们都了解了甲烷的空间构型是正四面体型,很多同学还开动脑筋,用生活中的材料制作了甲烷的各种空间模型,这就是很好的模型思维。

同学们有没有更深入地思考,甲烷的空间构型为什么是正四面体形而不是平面正方形呢? 其实历史上关于甲烷分子空间构型的发现还有一段有趣的科学史话。发现甲烷空间构型的科学家叫雅可比·亨利克·范霍夫,他是荷兰的物理化学家。一天,范霍夫坐在乌德勒支大学的图书馆里阅读论文时,突然想到甲烷分子中的氢原子和碳原子若排列在同一个平面上，情况会怎样呢？这个偶然产生的想法使范霍夫激动地奔出了图书馆。他在大街上边走边想，让甲烷分子中的4个氢原子部与碳原子排列在一个平面上是否可能呢？这时，具有广博的数学、物理学知识的范霍夫突然想起，在自然界中一切都趋向最小能量的状态。这种情况，只有当氢原子均匀地分布在一个碳原子周围的空间时才能达到。那么在空间里甲烷分子是个什么样子呢？范霍夫猛然领悟，正四面体！当然应该是正四面体！这才是甲烷分子最恰当的空间排列方式。

　　大道至简。范霍夫联想到"自然界中一切都趋向最小能量的状态"，从而推测出甲烷的空间构型。我们能不能搭建个模型再现范霍夫的思维过程，体验一下为什么甲烷的正四面体构型会让它在空间里能量最低？我们可以借助四个小气球来搭建这个模型，将四个相同大小的气球拧在一起，形成平面正方形，然后轻轻碰一下气球，气球绘立马变成了正四面体形，无论再怎么对气球用力，正四面体形的气球模型都不会恢复到平面正方形，这就很好地证明了气球以正四面体形存在能够更稳定。

　　这个气球模型还可以很好地帮助我们理解碳原子的SP^{3}杂化，我们知道碳原子的电子排布式为$1s^22s^22p^2$，未成对电子数为2，为什么甲烷分子中却形成4条等同的C—H键？这个气球模型再次帮助我们理解这个问题，还是因为"自然界中一切都趋向最小能量的状态"，碳原子中原本不同能级中的电子发生"跃迁"，碳原子的1个2s轨道和3个2p轨道发生混杂，混杂后保持原有轨道总数不变，得到4个完全相同的轨道，夹角是109°28'，这样的杂化轨道称为sp^{3}杂化，因为杂化后的轨道能量最低、最稳定。碳原子的sp^{3}杂化轨道与氢原子的1s轨道沿对称轴重叠形成了碳氢σ键。我们也可以用气球摆出这个假象的sp^{3}杂化轨道模型，这样对甲烷的正四面体空间构型就有了更深入的理解。

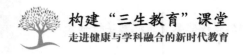

下面对气球模型稍做改动，用它帮助我们理解NH_3分子的空间构型——三角锥形。我们把气球模型中原本四个等同的气球中的一个改为"胖胖的"气球，把它当作"孤对电子"，其他三个气球当作N–$H\sigma$键，这样我们可以直观地看到三个N–$H\sigma$键由于成键电子对受两个电子核的吸引，电子云比较紧缩。而孤电子对只受到中心原子的吸引电子云较"肥大"，它对邻近电子对的斥力较大，所以NH_3分子的键角也被挤压成107°18'。H_2O的空间构型V形也是一样的。

一个小小的气球模型，带着我们进入肉眼无法看到的微观世界，理解化学微观世界的神奇！这个帮助我们认识微观化学世界的气球模型属于实体模型，学习中我们还可以建立帮助思考的虚拟思维模型。化学学习中蕴含了很多模型，我们可以自己构建模型，琳琅满目的元素化合物可以建立模型，种类繁多的有机化合物可以建立模型，耗费脑力的化学原理知识可以建立模型……同学们一起加入"化学建模"的队伍吧！

【设计意图】

"模型认知"是高中化学核心素养的重要构成要素，该能力建立在证据推理素养基础上，依据物质的结构、组成和变化特点提出假设，使学生可以通过推理、分析、思考，将研究对象具体化，以该体系为依据建造认知模型，在模型中展示各个构成要素之间的关系及本质特征，使化学现象可通过模型解释，得出化学规律及现象本质，使学生在掌握化学知识基础上，"模型认知"思维等核心素养得到培养。

高中化学核心素养的"模型认知"是引导高中生有效解决化学问题的思维机制，在这种思维机制中囊括注意、感知、推理、问题求解。在学生化学知识储备及其个性化学习能力基础上建立的模型为"模型认知"，其能够使学生对化学问题的认知及解答更具体系性,使化学问题可以"模型认知"为依托,展开定量、定性分析,提高学生化学能力,达到培养学生核心素养的教育目标。

高中化学核心素养"模型认知"具有以下三个特征:

一是用抽象表现方法模仿实际对象。高中化学知识需在一定关联下才能起到解决实际问题的作用,为此需通过模仿及抽象表达方法进行建模,为学生发挥"模型认知"核心素养奠定基础。

二是抓住"模型认知"思维体系中的关键因素。建立"模型认知"思维体系需要支点,以此为由充实"模型认知"思维体系,为学生充分利用化学知识提供路径,达到有效解决化学问题的目的。

三是"模型认知"思维可反映化学要素之间的关系。学生以某一化学问题为基础,依据自身学习能力、分析理解能力等核心素养建立"模型认知"思维体系,使处于该体系内的化学要素之间的关系显而易见,为学生解决化学问题梳理思维脉络,为攻克化学难题奠定基础。

本课通过创设问题情境,使学生认识到通过收集数据、建立模型、做出预判可以对很多问题做出推测,从而对"模型思维"产生兴趣,然后顺势引出高中化学学习中也可以建立类似的思维模型,同学们学会这种思维方式,就可以快速做出判断,准确得出结论。

教师带领学生以搭建甲烷球棍模型为突破口,引发同学们更深入地思考,甲烷的空间构型为什么是正四面体形而不是平面正方形,并通过历史上关于甲烷分子空间构型的一段有趣的科学史话,带领同学们了解科学家是怎样建立思维模型的。通过范霍夫联想到"自然界中一切都趋向最小能量的状态"引导同学们从更高阶的能量角度推测出甲烷正四面体的空间构型,并利用气球模型再现这一过程。然后将问题进一步引入物质结构层面去理解碳原子的SP3杂化,

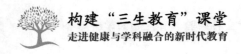
从而引导学生完成对甲烷空间正四面体这一结构特征从感性认知到能量分析再深入到结构认知，帮助学生利用实物模型和思维模型对一个事物进行从浅入深的理解。课程最后，教师对同学们认识"模型认知"提出新的期待与要求。

"魔"数

■ 张 伟

2020年春天,数学因"疫"变得不同,我们借助云端平台,将数学从抽象变得具体,从静止变得鲜活,更加贴近学生。云端平台就像每个老师手里的魔法棒,可以变魔"数"。魔术是以不断变化并带给观众惊奇体验为核心的一种表演艺术,是制造奇妙的艺术。魔术抓住人们好奇、求知的心理特点,制造出种种让人不可思议的现象,从而达到以假乱真的艺术效果。魔术利用障眼法和科学技术展现变幻莫测的场景效果,而魔"数"则是以实变实,是实实在在的变化。

一、魔"数"语言

数学的世界看似复杂,实则简单。数学的世界是由文字、图形和符号组成的。文字语言、图形语言和符号语言的相互转化是学生逻辑思维构建的基本元素。文字语言描述全面而抽象,图形语言直观而形象,符号语言简练。三种语言的相互转化就像有逻辑的魔法一样。

如三角形的中位线定理:三角形的中位线平行且等于第三边的一半。这是文字描述的形式,简练、全面、抽象。数学需要在理解的基础上进行记忆,这样才能学会数学知识。首先教师可带领学生先把文字语言转化成图形语言,更直观地在图上观察相关信息,接下来把图形翻译成符号语言,这个过程描述起来

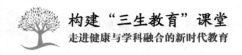
很容易，但实际上需要画图、标注、逻辑思维等基本功。学生在这个过程中成为"小小魔法师"，体验知识推导和转化的过程。云端平台在这个过程中给了学生当"魔法师"的机会，学生独立自主进行学习，体验魔"数"的奇迹。

二、魔"静""数"动

学生学习的是前人发现和研究的成果，是间接经验。间接经验虽然节省研究和思考的时间，但是直接经验更容易让学生理解与接受。教师可以通过云端平台，把间接经验转化成直接经验，云端平台可以化繁为简，化抽象为形象，化静为动。

例如八年级下册数学第17章"勾股定理的证明"时，课本中以毕达哥拉斯的故事开启勾股定理的学习。毕达哥拉斯通过观察朋友家的地板得出特殊的直角三角形三边之间的数量关系，这从情感上可以提升学生的细致观察能力，让学生理解数学来源于生活并服务生活。勾股定理的结论并不难，但是学生在理解上有一定的难度，所以让学生体验探索过程非常重要。为了让学生更好低理解勾股定理的探索过程，教师通过软件的动态模拟，让每个学生成为"毕达哥拉斯"。学生从特殊的仿真动态演示和一般的公式推导过程获得直接经验，从视觉和思维两方面完善知识，加深知识的理解和掌握。

通过软件，教师演示把正方形换成半圆和等边三角形的动态图形，进而得到相同的结论——直角三角形的两直角边的平方和等于斜边的平方和。整个过程中使用的原理都是等积变换。软件可以帮助教师把静态的数学知识赋予生命，魔"静""数"动，吸引学生的注意力，提升学生学习数学的兴趣，在魔"数"的路上不断前行。

除了数学知识外,一些数学题目的讲述也可以使用"魔法",特别是动点问题。动点在描述的过程中是变化的,但是呈现在书面上的时候是静止的,如何变化需要学生在头脑中进行想象,然后与理论知识契合,进而得出结论。这个过程描述起来很简单,但对于大多数学生来讲都存在一定的困难。如果我们可以把变化过程呈现出来,那么将有助于学生更直观地进行体验,得出结论。从形象的观察慢慢过渡到抽象的想象,有助于培养学生的思维转变。

如图1,在长方形$ABCD$中,$AB=4$,$AD=6$,E是AB边的中点,F是线段BC上的动点,将$\triangle EBF$沿EF所在直线折叠得到$\triangle EB'F$,连接$B'D$,则$B'D$的最小值是(　　)

A. 2 — 2　　　B. 6　　　C. 2 — 2　　　D. 4

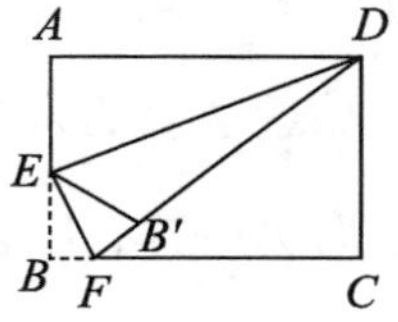

图1

利用软件进行动态变化演示,学生通过观察变化的情况,能够得出E、B'、D三点共线的时候$B'D$的值最小这一结论。教师引导学生本道题的理论根据是三角形两边之和大于第三边。直观演示和理论抽象提供给学生更明确的思考方向,这样有助于锻炼学生的想象力和创造力。

【设计意图】

在新冠肺炎疫情防控阶段,云端教学助力"停课不停学"顺利进行。云端教学实现了师生在同一时间不同空间教与学的无缝链接。

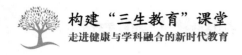
改革开放初期,"科教兴国""人才强国"等战略的提出,使得科技与教育的优先发展逐渐成为全社会的共识。改革开放四十多年以来,中国形成了较为完善的中国特色社会主义教育体系,逐步实现了教育与科技的有机结合。党的十九大之后,教育信息化由1.0进入2.0阶段。

云端教学为教育与信息化相融合提供了机缘与平台,加速了教育信息化2.0行动计划落地。在初中阶段,如何将信息技术与数学教学相融合是一个值得思考的课题。初中数学具有高度抽象性、逻辑严密性和广泛应用性等特征,初中学生认知的特点是思维的抽象逻辑占主要优势,但还是属于经验型的逻辑思维阶段,在一定程度上还需要感性经验的直接支持。从学生和学科的特征出发,教师可以利用信息技术手段把单一的数学知识或者习题形象动态化,这样有助于培养学生观察能力以及归纳总结能力。云端平台就像是魔法棒,辅助教师"点静成动",化抽象为具体,贴近学生的认知,加深学生的印象与理解。数学在信息技术的助力下,像有了魔力一样,千变万化、多姿多彩,成为魔"数"。魔"数"一方面能够吸引学生的注意力,培养学生的学习兴趣,缓解线上教学的疲劳;另一方面化繁为简、化静为动,降低数学的疏离感,加强数学的亲切感。魔"数"为学生的想象提供了方向,成为直观形象思维向抽象逻辑思维过渡的媒介。

数学是一个由文字、图形、符号构成的基础科学,严密的逻辑思维以及严谨的逻辑证明本质上是文字、图形和符号的相互转化过程。学生根据抽象精简的文字描述画出图形,进而根据图形中的字母转化成严谨的符号语言的过程就是数学的学习环节。云端平台教学期间,教师当面督促被弱化,学生自主学习的能力被强化。学生如小小的魔法师,通过云端平台,从教师那里习得"魔法咒语",自主完成文字、图形语言与符号语言间的互相转化。

素质教育注重培养学生的创新思维和实践能力,创新思维是建立在好奇心和丰富的想象力之上的，魔"数"丰富了学生的直接经验，满足了学生的好奇心，为创新思维的培养提供可能性。云端教学弱化了教师的手把手教学，学生要通过自己的实践完成知识的获得与内化过程。数学在信息技术的助力下，创造奇迹。

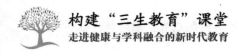
为我们的健康加"码"
——健康码背后的大数据

■ 李郁芳

　　"红码停,绿码行!"为更加高效地推进新冠肺炎疫情防控和复工复产工作,全国各地推出了本地版本的健康码,如杭州"健康码"、上海"随申码"、广州"穗康码"、北京"健康宝"……据不完全统计,目前全国各省市推出的健康码近百种。各地推出的健康码是市民通行的电子凭证,由市民或者返工返岗人员自行网上申报并经后台审核生成的属于个人的二维码,是数字技术用于政务服务的有效实践。相比反复填写表格,市民只需随手"亮码"外加测量体温就能证明自己的健康状况。天津于2020年2月底正式在全市范围上线"健康码",运用大数据助力疫情防控和复工复产,进一步提高工作的科学性、精准性。

　　"健康码"是天津市运用大数据手段,根据市民申请提交的信息和公安、电信、交通等领域及各区疫情防控相关数据进行比对校验,依法科学精准做好疫情防控工作的一种管理服务模式,实现"一次申报、全市通用、动态管理、分类管控"。全市市民和入津人员可在"津心办"App(应用程序)或"津心办"支付宝小程序在线申报信息,申领天津疫情防控和复工复产"健康码",实施"绿码、橙码、红码"三色动态管理。

"绿码"人员亮码后可出入天津市各小区、企业、机场(含候机厅)、车站(含火车、长途客运候车室)、农贸市场、大型超市、商场、店铺、学校、银行等人员流动性较大、可能产生聚集的场所,以及地铁、公交、长途客车、出租车、网约车等公共交通工具,体温检测正常可出行和复工。"橙码"人员要严格落实居家医学观察要求,自觉接受社区管理。"红码"人员由相关机构和社区严格管控。"红码""橙码"人员满足疫情防控条件后可转为"绿码"。出入医疗卫生机构人员以及无码人员按原有方式通行。

健康码的基础,首先是"网络实名制",即理论上中国网民在网站和应用程序上注册的所有账号,都对应一个真实的人员。其次是网民行为的数据化。随着移动互联网的发展,我们越来越依赖于网络,通过网络来处理个人的各种事物,例如网络购物、手机导航、缴纳水电费、浏览资讯、发布信息等。所以,只要在被授权"定位"权限的应用程序或网站中,我们做的任何动作,理论上都能被应用程序或网站记录,上传到软件的后台服务器上,连同那一时刻的GPS定位数据。此外,各大电信运营商掌握的基站和手机语音等数据,也具有相对准确的地区定位信息。这些海量的附带GPS定位等信息的数据,以及数据之间通过实名ID(手机号或身份证号)产生关联,就能够描绘出我们每个人在过去一段时间内曾经活动过的区域。新冠肺炎疫情期间,电信企业以及科技企业充分利用数据资源,紧急建立了大数据的分析模型,聚焦重点区域、重点时间节点来分析预测确诊患者、疑似患者以及密切接触人员等重点人群的流动情况。比如,基础电信企业为全国手机用户免费提供本人到访地区短信查询服务,经用户授权可以查询近15日和30日内到访省市的信息。

健康码的应用,属于大数据应用的典型案例,网络服务提供者利用收集到的用户数据,预测用户的健康情况,使疫情防控更加高效、精准。

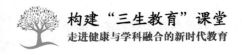
一、什么是大数据

大数据（Big Data）是指无法在一定时间范围内用常规软件工具进行捕捉、管理和处理的数据集合，是需要新处理模式才能具有更强的决策力、洞察发现力和流程优化能力的海量、高增长率和多样化的信息资产。

麦肯锡全球研究所给出的定义是：大数据是一种规模大到在获取、存储、管理、分析方面大大超出了传统数据库软件工具能力范围的数据集合，具有海量的数据规模、快速的数据流转、多样的数据类型和价值密度低四大特征。

二、大数据的特征

（一）巨量性

巨量性是指数据体量巨大。一旦拥有了事物全部或几乎全部的数据，就在一定程度上提高数据对事件描述的完整性，这使大数据应用中的全样本分析成为可能。

（二）多样性

多样性是指数据种类繁多，大数据包括传统的关系数据，还包含网页、搜索索引、图像、音视频和地理位置等数据。大数据之所以有如此强的多样性，其重要原因在于：首先，随着互联网的发展，人在上网时不但会获取数据，还会生成和传播各种数据。其次，各种设备通过网络连成了一个整体。这些设备也在不停地产生、采集和传递各种各样的数据。在互联网上，人类不仅是网络数据的获取者，也成了数据的制造者和传播者。

（三）迅变性

迅变性是指数据生成速度快，而且要求在短时间内处理完毕。只有快速地从庞杂的数据中获取有价值的信息，才能更好地服务于人，而数据量的快速增长对数据处理速度提出了更高的要求。如个性化推荐算法会尽可能完成实时推荐，搜索引擎会尽快处理网络中最新信息等。

（四）价值性

价值性不仅指产生价值，更是指大数据所创造的价值密度相对偏低，即庞大数据量中可能产生价值的只有非常小的部分。例如，一段几个小时连续不断的监控视频中，可能有使用价值的数据只有事件发生前后的几分钟。

随着人们对大数据认识与应用的深入，大数据也表现出更多样的特征，例如，大数据的真实性越来越为人们所关注，只有高质量的、真实的大数据才有助于人们进行预测与抉择。

三、大数据技术

"大数据"与"传统数据"相比不仅在规模上不同，在采集方式特别是分析方法上也有着明显的差别，包括数据全样本(或近乎全样本)采集、数据实时处理、语义分析和深度学习等。正是由于采用了各种新的数据处理方法和技术，我们才有可能挖掘出大数据中蕴含的丰富价值。

（一）大数据采集技术

大数据采集技术通过物联传感、社交网络等方式获得各种类型的海量数据。如随着全国各地平安城市项目的大规模推进，视频采集在智能安防领域发挥着越来越重要的作用，很多机场、车站、码头、办公大楼和住宅小区等场所都安装有视频采集系统。

（二）大数据预处理技术

大数据预处理技术不仅能提高数据质量、降低数据计算的复杂度，还能降

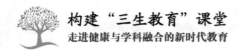

低数据规模、提升数据处理的准确性。例如,社交大数据中有些数据涉及用户的隐私,也可能存在一些异常或错误的数据,因此我们要对这些数据进行预处理,这样才能更好地帮助我们进行后期分析以便获得有价值的信息。

（三）大数据存储与管理技术

大数据存储与管理技术能通过相应的数据中心把采集到的数据存储起来,并进行管理和调用。如使用云存储和分布式管理技术能方便且快速地处理巨量的数据,实现大数据应用。

（四）大数据分析与挖掘技术

大数据分析与挖掘技术能从规模巨大的数据中,分析并提取出有潜在价值的信息。如我国政府部门开发的"精准扶贫大数据云平台"通过对数据的提取分析,展示贫困人口的致贫原因,深度挖掘数据的价值,为扶贫工作提供真实可靠、及时、全面的决策数据,为实现精准扶贫和精准脱贫保驾护航。

（五）大数据可视化与应用技术

大数据可视化与应用技术能将分析或挖掘出来的数据进行直观、形象地呈现,为人们的社会活动提供依据,提高各个领域的运行效率,发挥出更大的作用。如利用手机基站注册数据,不但可以获得居住地的信息,还能了解人口密度。已有数据证明,用手机记录得到的人口数据质量比较高。基于同样原理的景区"大数据客流分析系统",可以获取游客来源,分析游客密度、景点的人流趋势等,从而为景区智能化管理提供大数据参考,确保景区有序的活动和良好的交通秩序。

大数据技术的战略意义不在于掌握庞大的数据信息,而在于对这些含有意义的数据进行专业化处理。换而言之,如果把大数据比作一种产业,那么这种产业实现盈利的关键,在于提高对数据的"加工能力",通过"加工"实现数据的"增值"。

四、大数据的应用

（一）大数据可用在社交媒体领域

我们日常使用的微信、新浪微博等社交媒体中都可以看到我们之前在电商网站浏览过的商品广告,这是密切联系我们日常生活的大数据应用之一。

通过电商产品的浏览数据分析,可以看出用户的爱好特征、消费情况、动态特征等各种信息,从而更加了解用户,更加懂用户的需求,对用户推送的商品信息更加精准,同时能做到更加精准的数字运营。

（二）大数据可用于公共交通领域

我们生活中常用的地图导航软件,通过收集、整合、分析、处理一系列同一时间段的地理位置、行车时速、车辆数量等信息,能够及时预测每一条路段的车流量,通过大数据分析告知驾驶人员该道路上的形势情况,保证交通顺畅,缓解交通拥堵。

（三）大数据可用于电子商务领域

我们在购物网站上消费一次,其实就相当于更新了一次购物需求。详细的购物信息品牌、商标、尺码、类型等数据信息上传至服务器,类似品牌的互补产品就能够及时推送到手机端,这样既能方便满足我们的购物需求,又能扩大产品销量。

大数据的应用与我们的生活息息相关,通过观看视频《大数据应用》,我们能够深入了解大数据。

【设计意图】

自2020年2月10日起,教师的教学阵地从"三尺讲台"转移到"线上平台",

"开学第一课"在线上"会师"。为了保障学生健康成长,我们开展了"停课不停学"线上教学活动。

为了丰富天津市第五中学广大师生的课余生活,学校教科室利用学校的微官网平台开设了云课堂,以科普为目的,将课本知识与当前的疫情防控联系起来,给学生们也给老师们上了一堂又一堂生动的课程。

作为一名高中信息技术老师,笔者给师生们带来了一节小课——"为我们的健康加'码'——健康码背后的大数据",带领大家探寻健康码背后的大数据。

新冠肺炎疫情期间,全国各地推出了各种版本的健康码,如杭州"健康码"、上海"随申码"、广州"穗康码"、北京"健康宝"等。这些健康码运用大数据手段助力疫情防控和复工复产,进一步提高工作的科学性、精准性。

健康码所显示的颜色是依托什么进行的判断呢? 大数据在其中发挥了什么作用呢? 本节课带领学生们全面系统地了解了什么是大数据、大数据的特征、大数据技术以及大数据在各个方面的应用。

高一年级的学生们对大数据不会陌生,在人教版高中信息技术必修一教材中第一章的第三节就讲到了"数据科学与大数据"。本节课回顾了同学们之前学习到的知识,也与现在的实际生活联系了起来。其他年级的学生们也明白了健康码与大数据的关系,了解了大数据在我们生活中的应用,陌生的大数据逐渐鲜活了起来。笔者从我们常用的健康码入手,引起学生的兴趣,顺势分析健康码背后的知识,同时与教材相结合,培养学生们的信息意识,提升学生们的信息素养,坚持基于学科核心素养的教与学。

地理之"码"上有理

■ 甄书仙

复工期间,健康码成为我们日常生活中不可缺少的一部分,由市民或者返学返工人员自行网上申报并经后台审核后生成的属于自己的二维码即为健康码。健康码可作为市民在本地区出入通行的电子凭证。健康码实施"绿码、黄码、红码"三色动态管理,健康码显示绿码者可正常通行,而显示黄码、红码者则需按要求进行隔离。国内各省的健康码其实都有一套非常复杂的数据计算方式,但是评判用户健康码颜色的最为核心的指标就是根据手机的定位信息检测手机的持有者是否出过省或是否去过高危地区,也就是"定位"。说到定位,我们不得不提到目前使用最广泛的全球定位系统(GPS)。

一、全球定位系统的概念及组成

全球定位系统是以卫星为基础的无线电导航定位系统,具有全能性(陆地、海洋、航空和航天)、全球性、全天候、连续性和实时性的导航、定位和定时功能。全球定位系统能为各类用户提供精密的三维坐标、速度和时间。

全球定位系统由全球定位系统卫星星座(空间部分)、地面监控系统(地面控制部分)和全球定位系统信号接收机(用户设备部分)三大部分组成。

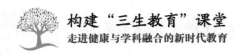
（一）全球定位系统卫星星座

全球定位系统卫星星座是发射入轨、能正常工作的GPS卫星的集合，其由24颗卫星组成，其中包括21颗工作卫星和3颗在轨备用卫星。当前，全球定位系统卫星星座已真正实现全球覆盖，不再有盲区，全天24小时任何时间都能精密定位。全球定位系统卫星星座接受并存储由地面注入站发送到卫星的导航电文和其他有用信息，并向用户不断发送导航定位信号。

（二）地面监控系统

地面监控系统主要包括：一个主控站、三个注入站和五个监测站及通信和辅助系统。

主控站：用于协调和管理地面监控系统，提供全球定位系统的时间基准，根据所有观测资料，推算各种参数，并将这些数据传送到注入站，还可调整偏离轨道的卫星，启用备用卫星代替失效卫星工作。

注入站：将主控站的控制指令注入相应卫星的存储系统，并检测注入信息的正确性。

监测站：在主控站控制下的数据自动采集中心。

（三）全球定位系统信号接收机

全球定位系统信号接收机用于接收GPS卫星发射的信号。

二、全球定位系统的特性

全球定位系统具有高精度、全天候、全能性、连续性、观测时间短等特点。

（一）高精度

大量实验表明，目前在小于50千米的基线上，全球定位系统相对定位精度可达$1 \sim 2 \times 10^{-6}$，而在$100 \sim 500$千米的基线上，其相对定位精度可达$10^{-6} \sim 10^{-7}$。

随着观测技术与数据处理方法的改善,可望在大于1000千米的距离上,相对定位精度达到或优于10^{-8}。

（二）全天候

全球定位系统观测工作,可以在任何地点任何时间连续地进行,一般不受天气状况的影响。

（三）全能性

全球定位系统在海、陆、空均可进行全方位、实时进行三维导航与定位。

（四）观测时间短

随着全球定位系统的不断完善,软件的不断更新,目前,20千米以内的相对定位,仅需15到20分钟;快速相对定位测量时,当每个流动站与基准站相距在15千米以内时,流动站观测时间只需1到2分钟;动态相对定位测量时,流动站出发时观测1到2分钟,然后可随时定位,每站观测仅需几秒钟。

三、全球定位系统的广泛应用

（一）林业普查与规划

全球定位系统能够有效提高森林资源的管理效率,可用于测定森林面积、道路位置、火灾位置、界定边界线等。

（二）交通

在现代交通中,各种打车软件、物流配送、出租车服务等离不开全球定位系统的实时服务。车载导航已经进入千家万户,用户可以通过自主导航选择适合自己的最优路线,全球定位系统为各种自驾游提供了条件。通过利用全球定位系统,可以根据位置信息,合理进行资源分配,提高效率,最大化地满足居民需求。同时全球定位系统还可以对一些特殊车辆进行追踪定位,在刑侦领域发挥作用。

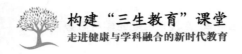
四、全球定位简介

目前全球共有四大定位系统，分别是我国的北斗卫星导航系统（BDS），美国的全球定位系统（GPS），俄罗斯的格洛纳斯全球导航卫星系统（GLONASS）以及欧盟的伽利略卫星导航系统。北斗卫星导航系统是中国自行研制的全球卫星定位与通信系统，是继美国全球定位系统（GPS）和俄国的格洛纳斯全球导航卫星系统之后第三个成熟的卫星导航系统。我们手机里用来定位的芯片不仅接收GPS信号，还可以接收北斗卫星导航系统的信号，目前我国的北斗卫星导航系统无论是速度还是精度都已优于GPS。

【设计意图】

2020年初，全国各地有330多支医疗队、4.2万余名医务人员驰援湖北，用于集中收治新冠肺炎患者的武汉火神山医院、雷神山医院迅速建成，口罩日产能在不到1个月的时间实现12倍增长……我们都是中国速度的见证者，是中国力量的见证者。经过无数"舍小家、为大家"奋战在一线的白衣天使、坚守在工作岗位的警察、基层工作者等的不懈努力，我们终于迎来了有序的复工复学。在大数据时代，健康码成为我们复工复学期间必不可少的工具。实行三色动态管理制度的健康码所呈现不同颜色的主要依据就是手机持有者的定位信息，而这是地理信息技术中全球导航卫星系统的典型应用。

人教版地理七年级上册第一章第三节"地图的阅读"一课给学生讲述了现代高科技地图的应用。在车载导航仪显示器上，驾驶员可以选择从出发地到目的地的最佳线路，查看自己所在位置和行驶路线，并没有拓展车载导航仪所借助的地理信息技术。本节"三生教育"云课堂正处于各地有序复工复学期间，选择此内容既可以紧密联系学生生活，又可作为地理课堂知识的延伸与拓展内容。

根据《义务教育地理课程标准》中课程的基本理念，学生应该学习对生活有用的地理，对终身发展有用的地理，从地理视角认识和欣赏我们所生存的这个世界，不涉及较深层次的成因问题。因此本节课程内容主要以延伸拓展、增强学生地理学习兴趣为主，主要让学生了解地理信息技术中全球卫星导航系统的概述性知识，可作为高中地理学习中地理信息技术相关内容的衔接拓展，旨在帮助学生初步感知地理信息技术在日常生活中的巨大作用，初步掌握数字化生存技能。

本课选择目前应用最广泛的全球定位系统（GPS）进行介绍，主要包括全球定位系统的概念及组成，全球定位系统的特性，全球定位系统的广泛应用。概述部分主要是对全球定位系统的基本概念及组成进行简单介绍，全球定位系统的特性部分主要是通过一些具体的定量数据让学生进行直观感知，最后介绍其应用部分与学生的实际生活紧密联系，特别讲述了全球定位系统在学生熟悉的交通运输中的巨大应用。需要对学生强调的是，北斗卫星导航系统（BDS）是我国着眼于国家安全和经济社会发展需要，自主建设、独立运行的卫星导航系统，是为全球用户提供全天候、全天时、高精度的定位、导航和授时服务的国家重要空间基础设施。2018年底"北斗三号"基本系统完成建设，开始提供全球服务，这标志着北斗卫星导航系统正式迈入全球时代。通过对北斗卫星导航系统的介绍，培养学生对国家科技实力的自信心与自豪感，加强对学生的情感态度与价值观的引导。

从数据看数学规律

■ 杜 佳

2020年初,新冠肺炎疫情牵动着每个人的心。曾几何时,大家每天起床后先看各地区的新增确诊人数、治愈人数……从我国到海外,我们的心情随着数据的不断变化而起伏,每天都期待着数据清零的那一天,期待恢复到从前正常的生活作息。新冠肺炎疫情使我们感受到了数据的重要,那么数据中都蕴含着哪些数学知识呢?

一、从新冠肺炎疫情数据认识统计图

在普通的由数字组成的统计表中,我们能够看到很多数据,但是难以直观感受到哪个国家的新增确诊人数最多、哪个国家的疫情正在逐渐好转,此时我们可以将统计表进行深度加工,用条形图来看。

通过全面调查,我们可以将数据制作成的条形图。首先,我们不能遗漏任何一个数据,要全面调查,保证数据的真实可靠,才能根据数据发展的趋势去进行预测。其次,我们要对原始数据进行梳理,做成条形图,便于我们观察。条形图能清楚地展示出每个项的具体数目。

我们的统计图不仅有条形图,还有折线图。折线图可以让我们清楚地知道数据的变化趋势,人数是增加还是减少变得一目了然。

扇形图能清楚地表示出各部分在总体中所占的百分比,显示出各组数据相对总体的大小。但是扇形图的缺点是无法展示出每组数据的具体数量,因此在实际问题中,我们往往需要把统计表、统计图结合起来描述数据,要能根据不同问题选择适当的统计图描述数据,以便于分析数据,最终做出合理的决策。

除了条形图、折线图、扇形图,我们还有其他的描述数据的方式——南丁格尔玫瑰图。南丁格尔玫瑰图长得像扇形图又不是扇形图,长得像堆积簇状图又非堆积簇状图,其将柱状图转化为更为美观的饼图形式,是极坐标化的柱图。南丁格尔玫瑰图放大了数据之间差异的视觉效果,适合展示数据原本差异小的数据。

最后,我们要了解一下全面调查的一般步骤:首先,用调查问卷来收集数据;然后,利用统计表整理数据;接下来,用统计图直观地描述数据;最后,从统计表和统计图中获取相关信息。

二、从新冠肺炎疫情数据认识拐点

抗击新冠肺炎疫情的过程中,人们期盼着疫情"拐点"的出现。那么,什么是"拐点"呢? 我们从数学角度来看一看。

直观地讲,"拐点"意味着从折线图上来看,从某一天开始,新冠肺炎确诊患者人数增长趋势在减缓,疫情得到了有效控制。"拐点"不是凭空猜测的,是在统计的基础上基于某种数学模型得出的。数学模型是用数学公式、运算程序、结构图形等对实际问题本质的抽象刻画,是对真实世界的一种模拟。数学模型能够解释客观世界的很多现象,预测事物的发展变化规律,为控制某一现象的发生和发展提供一定意义上的优化策略。我们先看一种简单的线性回归方程模型。

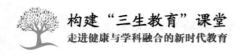
线性回归是利用数理统计中回归分析,来确定两种或两种以上变量间相互依赖的定量关系的一种统计分析方法,运用十分广泛。在线性回归中,数据使用线性预测函数来建模,并且未知的模型参数也是通过数据来估计的。这些模型被称为线性模型。变量的相关关系中最为简单的是线性相关关系。设随机变量与变量之间存在线性相关关系,则由试验数据得到的点(a,b)将散布在某一直线周围。我们可以认为回归函数的类型为线性函数。

散点图形象地反映了各对数据的密切程度,粗略地看,散点分布具有一定的规律,回归直线方程在现实生活与生产中有广泛的应用。应用回归直线方程可以把非确定性问题转化成确定性问题,把"无序"变为"有序",并对情况进行估测,下面我们看一个例子。

【例一】

以下是某地搜集到的新房销售价格y和房屋的面积x的数据,请画出数据对应的散点图。

房屋面积（㎡）	115	110	80	135	105
销售价格（万元）	24.8	21.6	18.4	29.2	22

数据对应的散点图如下图所示:

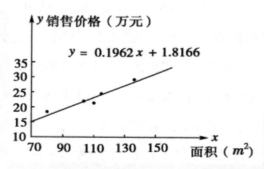

通过用点表示一组变量,寻找多个点在某条直线附近的关系就是常用的线

性模型,我们甚至还可以根据最小二乘法得出它的回归直线方程。

但是对于新冠肺炎疫情的预测不是简单的线性预测,我们需要考虑其他因素的影响,使用多项式回归。在这种回归技术中,最佳拟合线不是一条直线,而是一条符合数据点的曲线。专家在实际预测时,传染病动力学模型(如SIR模型、SEIR模型等)在疫情研究中发挥了显著作用。

人们多数觉得绝对人数不再增加的时候是疫情的"拐点",但是实际上应该是相对昨日绝对人数的增长率开始变慢的时候才是疫情的"拐点"。求"拐点"的数学方法很多,我们在这里介绍一个求"拐点"的简单方法——考察每日确诊病人数曲线,去掉个别日子突然高和突然低的部分,得到相对平滑化的曲线,其最高点对应的日子,就是我们心目中的"拐点"。

每个数字都不是抽象独立的,小小的数据会说话,它们能够传递信息。如果掌握了数学这一工具,便可用数学去认识世界。数学帮助我们发现事物发生发展的规律,了解了规律才能理智看待疫情,避免恐慌。

【设计意图】

2020年初,新冠肺炎疫情牵动着每个人的心。我们感受到了数据的重要。在大数据时代,数据离不开数学的统计和分析。从数学角度看数据,可以让学生知道这些数据中蕴含着的数学知识,同时培养学生用数学的眼光看世界的能力。

在大数据的支持下,我们可以从微博等应用程序迅速得到实时更新的数据,并且还可以直接看到统计图。由于笔者教授的七年级学过了数据的收集与统计,其与学生的生活及知识点都十分吻合,是当下的热点,容易激发学生的好奇心和求知欲,也可以让他们认识到如何将所学的数学知识应用到生活中。此

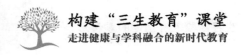

时数学不再是抽象的、远离生活的,简单的数字组合起来可以解释事物发展的规律。在各种各样的统计图中,南丁格尔玫瑰图受到了人们的关注。笔者在课堂中将其作为拓展知识进行了简单介绍。

抗击新冠肺炎疫情的过程中,人们期盼着疫情"拐点"的出现。笔者借此机会,让学生了解什么是"拐点",引导学生用更为科学的依据去分析,而不是人云亦云,胡乱猜测。同时培养学生的数学建模思想,通过数学模型解释客观世界的现象,预测事物的发展演化规律。笔者先从介绍一种简单的线性回归方程模型入手,和高中的知识建立起联系。但是由于对疫情的预测不是简单的线性预测,于是笔者介绍了多项式回归,在这种回归技术中,最佳拟合线不是一条直线,而是一条符合数据点的曲线,这和疫情的发展趋势类似。笔者采用由浅入深和详略得当的介绍方式,逐步引导学生求知,避免学生因知识太难理解而放弃。

笔者借助介绍疫情的相关知识,向学生点明数学、数据以及数学学科的价值,鼓励学生使用数学这一工具积极地认识世界,用数学探寻事物发生发展的规律。

第五章
基于生活方式教育主题的学科融合

　　天津市第五中学积极落实学科教学与生活方式教育的融合实践,选用生动具体的故事,以爱党、爱国、爱社会主义、爱人民、爱集体为主线,展现中国作为负责任大国的崇高形象,诠释中国速度、中国力量的独特魅力,引导学生增强社会责任感,深化家国情怀。教师通过精心的课堂设计将生活方式教育与学科融合,以此构建基于生活方式教育主题的学科融合的课堂。

青春有格——青少年应有的模样

■ 袁浩然

2020年春,一场突如其来的新冠肺炎疫情打破了我们平静的生活。全国上下打响了抗击新冠肺炎疫情的阻击战。在这场看不见硝烟的战争中,我们见识了中华的脊梁,无数逆行的勇士用实际行动阐释了尽责、奉献、有担当。青少年是国家的未来与希望,理应对前辈的付出有所触动,有所感悟,理应把他们当作榜样。心中要有光,才能去做有理想、有担当、有情怀、有温度的中国人,才能在努力奋斗中放飞青春梦想,在不懈拼搏中书写人生华章!

一、行己有耻

孔子曰:"行己有耻。"这句话的意思是说,一个人行事,凡自己认为可耻的就不去做。朱熹说:"人有耻,则能有所不为。"行己有耻是人之所以为人的基本底线,我们每个人都要知廉耻,懂荣辱;有所为,有所作为。我们如何做到"行己有耻"? 新冠肺炎疫情就像一面镜子,尽显人间百态。

【新闻一】

2020年1月27日,Z市北二七路大商场及世纪华联橄榄城店白菜价格暴涨,一斤白菜定价七元,买一棵白菜需要六十三元。Z市二七区市场监管局已对二七路大商场负责人进行了行政约谈,并做出五十万元的行政处罚。

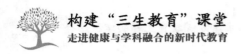
【新闻二】

2020年1月29日，T市一药房在检察人员前一天已责令停止高价销售"KN95口罩"的情况下，仍以128元/袋的价格继续销售。该商品进价仅仅为12元/袋。该药店拟被罚款300万元。

新冠肺炎疫情期间，有的人倾尽全力捐赠物资，有的人却发国难财。超市和药房哄抬物价，没有羞耻之心，触碰道德和法律底线。面对疫情，无事"宅"在家里，减少聚集，就是对国家做的最大的贡献，但依然有人不听劝阻，所以才有了各个村支书、居委会的一次次"硬核"喊话。

青春有格，"行己有耻"对我们的要求有：

我们需要有知耻之心，不断提高辨别"耻"的能力。在行动之前，审视愿望；在行动之中，监督调节；在行动之后，反思效果和影响。

我们需要树立底线意识，碰触道德底线的事情不做，违反法律的事情坚决不做。

我们需要磨炼意志，拒绝不良诱惑，不断增强自控力。

二、止于至善

"大学之道，在明明德，在亲民，在止于至善。"在青春探索的过程中，我们要把青春活力化为正能量，我们要积善成德，修身为本，行走在"止于至善"的路上。我们如何才能做到"止于至善"呢？

（教师播放视频《勿以恶小而为之》和《勿以善小而不为》）

从情感上来说，我们可以理解这位市民可能是因为害怕而做出这种行为，但是从道德和法律角度来看，这位市民的行为是错误的，瞒报会给工作人员带来巨大的工作量，他们需要去追踪与这位市民相关的接触者，更多的人因此有被传染的风险。

在第二个视频中，我们看到了很多平凡的人都在奉献着自己的力量。"苔花如米小，也学牡丹开。""勿以善小而不为"，一股股力量汇聚起来，便能够形成庞大的力量。这些付出努力的人都是我们学习的榜样！

武汉火神山医院总建筑面积3.39万平方米，可容纳1000张床位。从2020年1月24日相关设计方案完成，到2月3日建成投入使用，只用了10天时间。这10天背后是7500余名建设者没日没夜地辛苦工作，为的是与时间赛跑，与生命赛跑。

非常时期，危急时刻，面对疫情，国家卫健委第一时间组织6支共1230人的医疗救治队星夜驰援武汉。我们再次见证了同舟共济、众志成城的"中国力量"。

"没有特殊情况，不要去武汉。"84岁的钟南山院士让大家不要去武汉，他却义无反顾地去到了武汉前线。17年前的"非典型肺炎"期间，钟南山院士坐镇一线，说"把严重的病人都交给我"。17年后，他重新挂帅，前往武汉。在岁月静好时，他们默默奉献爱与温暖，在抗击新冠肺炎疫情时，他们化身为英雄，冲锋在前。"所谓白衣天使，只不过是一群孩子，换了身衣服，学着前辈的样子，治病救人。"

"莫见乎隐，莫显乎微，故君子慎其独也。"习近平总书记曾说："战胜这次疫情，给我们力量和信心的是中国人民。""人民才是真正的英雄。"新冠肺炎疫情之下，我们每一个人都应该共克时艰，众志成城，通过自省和慎独，端正自己的行为。

（教师播放视频《科学理性防控疫情，专家这么说》）

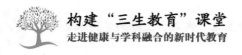
三、躬身入局 担当作为

灾难面前,没有任何人能够独善其身。病毒无国界,新冠肺炎疫情是全人类面临的共同挑战。援助物资、派遣医疗队、分享中国经验、展现中国温度……疫情之下,中国展示了大国力量和担当!

(教师请学生们阅读英国诗人约翰·多恩布道的诗歌《没有人是一座孤岛》,然后结合新冠肺炎疫情谈谈自己的感想。)

"止于至善"要求我们如何做?

首先,我们要从点滴小事做起,"勿以恶小而为之,勿以善小而不为。"积少成多,积善成德。

其次,我们要在生活中寻找"贤",将他们作为榜样。

再次,我们要养成自我反思的习惯,检视自身的不足,不盲目自责,积极调整自己,通过自省和慎独,端正自己的行为。

最后,我们要以修身为本,行走在"止于至善"的路上,在学习中成长,在成长中收获。

"每一个时代都有自己的青年,每一个青年都有自己的面貌。"青少年的担当,是责任,是"天下兴亡,匹夫有责"的觉悟。青少年要视国事为己任,贡献自己力所能及的一分力量!青少年要以修身为本,行走在"止于至善"的路上,在学习中成长,在成长中收获,在国家危难之际,担起一份沉甸甸的使命,担起一句"国之栋梁"。

【设计意图】

庚子年春,新冠肺炎疫情打破了我们平静的生活。在这一特殊的时期,作为思政老师应该做些什么？笔者借此课融入各类时政资料，引导学生懂得"萤火微光，可以映雪"，引导学生去做有理想、有担当、有情怀、有温度的中国人！

"行己有耻"是中华优秀传统文化的精髓。笔者选取了在新冠肺炎疫情期间发生的几则新闻，引导学生明白青春有格，需要我们"知廉耻，懂荣辱；有所为，有所不为；自尊自爱，坚持行己有耻"的基本底线。

"大学之道，在明明德，在亲民，在止于至善。"那么我们如何才能做到"止于至善"呢？笔者播放了两则视频，通过两则视频的对比，使学生明白想要做到"止于至善"，需要"勿以恶小而为之，勿以善小而不为"，从点滴小事做起。

新冠肺炎疫情期间，我们每一个人都应该通过自省和慎独，端正自己的行为。

"孤独"也是一种财富

■ 肖春燕

因为新冠肺炎疫情,我们经历了一个漫长的冬天。伟大的祖国,英雄的人民创造了奇迹,在中国这片国土之上,病毒不再疯狂,疫情得到扼制。新冠肺炎疫情期间,虽然居家隔离的日子让我们感受到了一些"孤独",窗外美景和诗歌抚慰了我们的心。独坐窗前,与月亮倾心长谈,还有什么比这更浪漫的事吗?

这份浪漫源于月亮,也源于窗子。原本隔开物我的窗子竟然神奇地起到了拉近距离的效果。孤独是一种财富,浮想联翩的自在能够跨越时空的。千年以前,杜甫大概也是在这样的月夜,思念起自己的妻子。杜甫想象着,在这样的月色中,远在鄜州的妻子怕是一个人在房中隔窗眺望,渐凉的雾气打湿了她的发髻,清寒的光辉映照着她的玉臂。杜甫想象有一天,夫妻团圆,可以一起倚靠着窗帷共赏月色,那时候,自己大概才有勇气去看她脸上的泪珠吧。

月 夜

杜甫

今夜鄜州月,闺中只独看。

遥怜小儿女,未解忆长安。

香雾云鬟湿,清辉玉臂寒。

何时倚虚幌,双照泪痕干。

《月夜》整首诗的内容都是虚写的。隔窗的这轮月色啊，是不是比得上李白那花间酒中的月亮？是不是不逊于张九龄诗中海上的月亮？是不是可与王维山中松间的月亮相媲美？

孤独是一种财富，别样的审美有强大的力量，更有一份哲思——

断　章

卞之琳

你站在桥上看风景，

看风景人在楼上看你。

明月装饰了你的窗子，

你装饰了别人的梦。

《短章》这首短诗多么美丽，又多么让人深思。这首诗如蒙太奇般，不知怎样衔接、叠加才最完美。诗歌在唇间低吟，让我们感知到和谐美好的音节，那回环往复、浅吟低唱般的韵律就在耳边，绕梁三日不绝。这是诗歌的音乐美。刹那间，是否有一种思考让你欲罢不能？深思下去，便能感悟到诗歌的哲思美。

其实，可以隔窗去看、去听、去想的，何止是月亮。

如梦令

李清照

昨夜雨疏风骤。浓睡不消残酒。

试问卷帘人，却道"海棠依旧"。

知否，知否？应是绿肥红瘦。

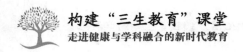
春夜喜雨

杜甫

好雨知时节，当春乃发生。

随风潜入夜，润物细无声。

野径云俱黑，江船火独明。

晓看红湿处，花重锦官城。

白　桦

叶赛宁

在我的窗前，

有一棵白桦，

仿佛涂上银霜，

披了一身雪花。

毛茸茸的枝头，

雪绣的花边潇洒，

串串花穗齐绽，

洁白的流苏如画。

在朦胧的寂静中，

玉立着这棵白桦，

在灿灿的金晖里

闪着晶亮的雪花。

白桦四周徜徉着

姗姗来迟的朝霞，

　　　　它向白雪皑皑的树枝

　　　　又抹一层银色的光华。

一扇窗子,一轮明月,一处风景。心若在,梦就在。

【设计意图】

诸葛亮在《诫子书》中说:"夫君子之行也,静以修身,俭以养德。非淡泊无以明志,非宁静无以致远。"这是长者的人生经验,然而,中学生正是血气方刚、斗志昂扬的时候,说教很难起到良好的效果。

突如其来的新冠肺炎疫情是一场灾难,带来让人痛心的生命财产损失,同时也提醒着每一位亲历者应有所醒悟。漫长的居家学习会让学生的"两极分化"加剧,自制力强的学生可以充分利用这段自主支配的时间让自己收获多多,而浮躁的学生则很可能在这段时间里散漫下来。能静下心来是一种能力,而对这种能力的培养是当务之急。

本课的设计意图首先是培养学生的心态,定力有了,后面的学科教学才能真正开展。笔者从语文课的视角,通过完成本学科教学任务来达到最终目的。为此,笔者找到了一个最吸引人的题材,那就是诗歌。诗歌本身优美灵动,引人深思,诗歌鉴赏和语段表达都是学生高考的重点和难点。2019年天津高考中有这样一道题:

下面这首诗曾获某杂志主办的征文大赛一等奖,请品读该诗,说明获奖理由。要求:不少于3点理由,100字左右。

你还在我身旁

戴畅

瀑布的水逆流成上,

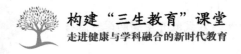
蒲公英的种子从远处飘回，聚成伞的模样。

太阳从西方升起，落向东方。

子弹退回枪膛，

运动员回到起跑线上，

我交回录取通知书，忘了十年寒窗。

厨房里飘来饭菜的香，

你把我的卷子签好名字，

关掉电视，帮我把书包背上。

你还在我身旁。

这道语段表达题的实质是诗歌鉴赏。现代诗歌鉴赏可以从哪些角度切入呢？很多考生会有无从下手的感觉。其实高考试卷中年年都有古代诗歌鉴赏题，两者选材有异，本质相同。于是，笔者的诗歌鉴赏线上课堂就这样开始了。

有时候环境会限制我们，让我们的生活天地变窄，但却不会改变我们的精神天地。喧嚣可能让人兴奋，但安静也许更有力量。在这样不得不"孤独"的生活里，笔者希望能引领我们的孩子走出烦躁无聊，走入"孤独"，从中发现真正的美，进而收获一份良好的心性，磨出一种定力。如果孩子们能学会静心阅读、深思冥想，学会与自己相处，与天地谈心，谁能说这不算意外而又长远的收获呢？

今天，你测体温了吗？

■ 穆　静

在这次抗击新冠肺炎疫情中，许多地方都用到了人工智能技术。什么是人工智能呢？人工智能是如何发挥作用的呢？

2020年的春天，突如其来的新冠肺炎疫情给我们的生活带来了很大的影响，随着复工复产高峰期的到来，人流密集的高铁站、机场等交通枢纽的疫情防控工作面临着巨大的压力，传统的手持式额温枪检测体温速度慢，容易造成大面积拥堵，在人流密集的场所，人们的感染概率会大幅增加，显然传统的测体温的方式已经难以满足需求。非接触式的红外测温系统的出现，大大减轻了交通枢纽测量体温的工作人员的压力，这一系统可以做到同时测出多人的体表温度，及时上报体温不正常的人员。

那么，非接触式的红外测温系统是如何工作的呢？其背后隐藏着哪些人工智能的秘密？下面我们先一起来看一看什么是红外热成像技术。

自然界中任何物体无时无刻不在向外辐射红外线，红外线的波长位于可见光外，人眼是看不到的。物体表面温度如果超过绝对零度即会辐射出电磁波，随着温度变化，电磁波的辐射强度与波长分布特性也随之改变，波长介于$0.75\mu m$到$1000\mu m$间的电磁波称为"红外线"，而人类视觉可见的"可见光"介于$0.4\mu m$到$0.75\mu m$。波长为$0.78\sim2.0$微米的部分称为近红外线，波长为$2.0\sim1000$

微米的部分称为热红外线。红外线在地表传送时,会受到大气组成物质(特别是 H_2O、CO_2、CH_4、N_2O、O_3 等)的吸收,强度明显下降,仅在中波 3~5μm 及长波 8~12μm 的两个波段有较好的穿透率。

接下来我们再看一看什么是人脸识别技术。(教师展示一张成龙的漫画图片。)"这张图像画的是谁?你是怎么认出他的?"同学们肯定会说:"我一眼就看出来了。"可是所谓的"一眼"就认出,这个"一眼"的关注点在哪儿呢?"图片中包含很多属性,大家是不是看到他穿的鞋子就认出这是成龙了呢?肯定不是吧?"大家找到的"关注点"就是图中人物与实际人物所具有众多属性之一,且是具有代表性的特征。这个过程就是人工智能图像识别中的"特征提取"。特征是人或事物可供识别的特殊的象征或标志。同学们在平时生活、学习中也会用到"特征"这个词。

想认出图中的人物,还有一个关键点就是大家得知道这个人。大家知道成龙这个人,又找到了他的特征,再和成龙本人一对照,才得出这张图像画的是成龙这个结论。大家可以把这个过程理解为人工智能图像识别中的"分类"。

如果我们问计算机:"这张图像画的是谁?"计算机会提供什么样的答案呢?假设计算机认出来了,那么它又是怎么认出的呢?假设计算机没认出来,那么我们怎么训练计算机让它认出来呢?其实这两种假设归结起来就是一个问题:计算机如何认出图像中的人物?

对比人类"识别图像"的过程,计算机"识别图像"也需要两个关键步骤:一是特征提取,二是分类。

计算机如何找到具有代表性的特征呢?计算机可不能像人类那样"一眼看出",其需要回归到图像本身的属性——像素、分辨率、通道数。计算机会将图像的每一个像素用 0~255 之间的一个数字来表示。刚才那张图像就可以用一个二阶张量表示出来(对于二阶张量,可以简单地理解为矩阵、二维数组)。将二阶张量和卷积核（卷积核可以简单理解为具有特定数值的矩阵、二维数组）进行卷积运算，即可得出具有一定特征的图像，也就是将原始图像中的特征提取出来了。卷积运算的主要目的之一是使原图像特征增强。（由于学生对卷积不太理解，此处可以加入一段微课。）

对于原图像中无边缘的区域，例如天空，大部分像素值几乎是相同的，所以卷积核对这些像素卷积后的输出几乎也是相同的；对于有边缘的区域，边缘左右两侧像素差异明显，数值变化大，所以卷积核对这些像素卷积后的输出是不相同的。卷积核其实就像是一个筛子，将图像中符合条件的部分筛选出来，不同的卷积核对同一张图像进行卷积操作之后就会产生不同的效果。

说完特征提取，我们再来说说分类。我们可以使用卷积神经网络将这两个过程合二为一，将原始图像经过若干个层的处理，自动从图像中学习有效的特征，最终输出属于哪一类别的概率。

在生物界，一个神经元是由细胞核、若干个树突、一个轴突、若干轴突末梢组成。树突主要用来接收信息，轴突是给其他神经元传递信息的。人们研究神经元的时候发现，当神经元受到刺激，它的兴奋程度超过了某一限度之后就可以激发出神经元本身的反应，从而输出神经脉冲，也就是神经元的轴突会对其他神经元进行输出。

受此启发，1943年心理学家Warren McCulloch和数学家Walter Pitts发表论文 A Logical Calculus of the Ideas Immanent in Nervous Activity，首次提出神经元的M－P模型。该模型借鉴了已知的神经细胞生物过程原理，是第一个神经元数学模型，也是人类历史上第一次对大脑工作原理描述的尝试。

学生可能会被这些概念、技术绕晕，此时插入一个小游戏"猜画晓歌"（可在微信小程序中找到），让学生放松一下。"猜画晓歌"看似能"识别"大家的灵

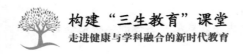
魂画作,其实它并不能真的"理解"大家画的是什么,而是在完成"分类"的任务。"猜画晓歌"使用了我们刚才讲到的卷积神经网络,当同学们提供给它新的画作时,它会将大家绘制的图案作为输入数据,分到相似的那一类中。整个过程是:数据准备—神经网络构建—模型训练—模型评估—模型预测—模型应用。数据集是从全世界收集来的,Google总共收集了345类简笔画,每个类别包含至少几千张简笔画,其中一大部分图像作为训练集,一小部分作为验证集。

人工智能并不是真的像人类一样,能听懂、看懂、认识和理解身边的事物,很多所谓"智能"的应用其实都是在做分类。在这次抗击新冠肺炎疫情的过程中,人工智能在医疗领域也做出了巨大的贡献。很多省市借助人工智能辅助诊断平台快速分析病情,居民们不用去医院就能接受医院专家提供的相关服务。山东省某医院应用了DUCG(智能临床辅助诊断平台)系统,此系统集合了北京几十家三甲医院和几百位医学教授的经验,涵盖了大量病例,能够自动给医生提供一些治疗方案,帮助医生弥补其短板,大大提高确诊率。人工智能协助医疗机构开通网上问诊服务,实时监测病毒数据。在疫情的关键节点,时间就是生命,效率就是最好的防控。

今天,你测体温了吗?你想不想试试非接触式的红外测温系统呢?

【设计意图】

突如其来的新冠肺炎疫情打破了原有的学习节奏,那些不断跳动的数字和不断更新的消息,牵动着亿万国人的心。疫情不仅威胁着人们的身体健康,也影响着人们的心理健康,特别是中学生。每天上报体温度数成了每位师生的日常,笔者借此引入人工智能的概念和作用。通过对红外测温系统的工作原理的介绍,讲述了红外热成像技术和人脸识别技术,最后以游戏"猜画晓歌",来加强大家对今天课程内容的理解。

复课后的心理调适，给你来支着儿

■ 于　妍

受新冠肺炎疫情影响，2020年2月10日，天津市第五中学全体师生在线上迎来新学期。5月18日，全市中学非毕业班复课开学，学生们居家学习的日子即将结束。复课之后，重新回归校园生活，学生们会出现什么样的心理适应问题？大家应该如何调试？

一、复课初期可能出现的潜在问题

复课初期，可能出现的潜在问题有：作息时间改变，学生较难回归到日常学习中去；听课习惯改变，复课后学生可能较难适应长时间的授课；上网习惯的改变，学生可能出现沉迷手机或者网络的情况。

二、复课期间心理调适的建议

（一）合理安排时间

学生在开学前需要对照学校生活调整个人作息。列好返校清单，包括作业清单、个人物品清单、防护用品清单等。提前了复课进校指南。家长可以帮助学生进行作息时间的调整（包括早上起床的时间、三餐时间等），需要考虑到提前预留出上下学乘坐交通工具的时间、错峰入校的时间等与常规时期入学存在

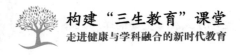

差异的地方。

(二)调整积极心态

超长"假期"结束,一些同学的心态可能会发生比较大的变化,情绪上也会存在较大的波动。由于居家学习时,大家的学习状态会存在一定的差异,这可能会加大复课后的现实状态差异。比如,居家学习同课堂学习差异小,适应复课快,心态变化小;居家学习同课堂学习差异大,复课适应出现问题的可能性就大,心态变化大,体验到的压力会随之增加。

复课以后我们需要注意"三关注":第一,关注自己,不要急于与他人进行比较(包括学习状态、心理状态等),要更多地关注自己的状态,感受自己的变化,多积累积极的信息;第二,关注过程,复课之后作为一个新的阶段,教师可能需要摸底以了解学情,合理调整自己的教学计划。学生不要因过于关注结果而产生更多的心理负担,而应把它作为一个开始,将长目标和短任务合理计划好,按部就班地实施计划;第三,关注当下,未来有很多的不确定性和可塑性,特别是在有重大事件发生或者个体状态持续不佳的时期,关注当下尤为重要。只要能保证现在自己的事情做好了,自己的情绪调节好了,自己的状态是满意的就可以了,将积极的信息逐步积累。

(三)合理规划学习时间

复课之后学生需要合理规划学习、生活时间,要安排适当的体育锻炼和放松训练。研究表明,体育锻炼和放松训练对情绪调节有很大的帮助,大脑长时间、持续的高度兴奋会引发脑内能量分布不均衡,不利于负面情绪的调节。体育锻炼可以提升小脑的兴奋程度,放松训练可以降低大脑的兴奋程度,达到脑内平衡的作用。学生可以多利用零散时间,合理安排适合自己的小活动。

（四）制定目标，调试学习方法

复课之后学生需要学会根据自己的实际情况制定学习计划，全面分析自己，正确认知自己，明确自己的学习特点和方向。大家可以找个信任的同学、朋友相互督促打卡，有条不紊地执行"小步子计划"；也可以根据自己的实际情况对学习方法进行调整。记忆是评估学习活动非常重要的指标，能够提取记忆才是成功记住学习内容的标志。我们可以选取独特的、适合自己的记忆提取方法，如可以用过电影似的脑中重演法、默写法、画思维导图法来回忆一天所学的知识，可以用归纳、推演、联想的方式寻找知识点与自己的生活的关系，使知识体系形成有效联结。

（五）学会积极沟通

学生在复课之后要学会主动沟通，以减少不必要的误会、矛盾。同学之间可以主动交流有效的问题解决的方式、方法并积极参与学校组织的各种活动。与父母可以多沟通关于在校学习、生活情况和学校防疫工作安排，以减少家长的焦虑，在家可承担相应的家务劳动。遇到问题应学会求助，比如，求助专业的心理咨询人员或机构，打专业的心理咨询电话或登录专业的心理咨询平台等。

【设计意图】

2020年新冠状肺炎疫情来势汹汹，在严峻的疫情防控形势下，全国人民在党中央、国务院的坚强领导下，万众一心、抗击疫情。在抗击疫情的战斗中，我们要阻断病毒的传播，做好自身防疫工作，除此之外，我们也不可忽视自身的心理"防疫"。

新冠肺炎疫情的暴发给整个世界带来了前所未有的挑战，在国内疫情趋缓的情况下，各省市中小学的教学工作正在逐步恢复常态。在这个超长的特殊

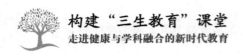

"假期"中，学生体验到了居家上网课的感受，这既是挑战，也是机遇。很多因素会影响学生居家学习的效果，也会激化一些潜在的问题，如亲子关系问题、时间管理问题、行为习惯问题、合理使用网络问题、自控力问题、情绪控制问题等，甚至很多问题是交织在一起的复杂问题。

新冠肺炎疫情是一件公共卫生安全的突发危机事件，人在疫情之中，会陷入不同程度的应激状态。心理应激是有机体在某种环境刺激作用下由于客观要求和应付能力不平衡所产生的一种适应环境的紧张反应状态，如何应对和适应这种心理上的变化对青少年来说本身就是一个难题。在居家学习过程中，可能很多突显的问题或潜在的问题还没有得到很好解决的时候，我们又迎来了复课开学，这又是一个需要重新适应的过程。所以，复课后的心理调适对青少年儿童的身心恢复与发展起着至关重要的作用。

在本文中，我们对学生可能出现的心理问题和解决问题的方式建议进行了介绍。我们的目标是让学生恢复心理状态、准备上学并重新参与课堂学习；让教师更好地应对学生潜在的心理问题并开展教学工作；让学校做好复课准备工作，减少因疫情产生的心理负面影响。我们分析了复课后学生可能出现的反应并总结潜在问题，根据问题给出解决问题可行性方法，从时间调节、积极心态调整、合理学习规划、目标设定、学习方法调整以及积极有效沟通和学会求助等全面、综合分析解决办法，期望学生能够与校园学习、生活环境恢复联结，尽快适应课堂教学。

守护安全的护身符

■ 胡 明

"您好,请出示您的健康码!""您好,请您用手机扫码,提交成功后才能通过!"这两句话是我们在新冠肺炎疫情期间去任何地方都会听到的,而正是因为我们听到这两句话,才更加使我们相信我们去任何地方都是安全的。健康码是以二维码作为展现形式,供各类机关、企事业单位和疫情防控卡口等综合判断个人健康风险等级,实现特殊时期动态健康认证的数字通行证。

天津有两种健康码最为常见:一种为三种颜色的健康码,一种为"津门"小程序码。这两种健康码一个是正方形的,一个是圆形的,虽然看上去长相不一样,但是本质其实是没有区别的,归根结底都是"二维码"。

一、二维码的诞生

最早二维条形码(二维码)的诞生仅仅是因为一维条形码不够用了。20世纪60至70年代,诺曼·约瑟夫·伍德兰德发明了一维码(条形码),条形码的诞生几乎改变了全球的商业活动形式,使得收银员的工作变得更加高效,顾客也可以节省更多时间。

经过几十年的发展,由宽度不等的多个黑条和空白组成的一维码(条形码)开始暴露出其缺点,例如数据容量较小(30个字符左右)、只能包含字母和数字、

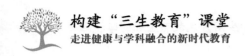
条形码尺寸相对较大(空间利用率较低)、条形码遭到损坏后便不能阅读等。为了弥补这些缺陷,一位名叫腾弘原的日本工程师带队研发,两年后研究出了矩阵式二维条形码,二维码在水平和垂直的方向都能够储存信息,在信息的储量上相比一维码(条形码)提升了250倍。

二、二维码的形成

二维条码/二维码是用某种特定的几何图形按一定规律在平面(二维方向上)分布的黑白相间的图形记录数据符号信息的。二维码到底是怎样将人类可以识别的内容(比如中文、网址等)转为机器能识别的二维码呢? 在二维码中,黑色的方块表示1,白色的方块表示0。人类可识别的字符都是通过一种字符集将字符映射成十进制数字,然后通过十进制转换为二进制。同样,二维码可以根据自己定义的编码规则和字符集,将这些字符转换为二进制,并且利用黑白方块来存储二进制。

为什么二维码不管是正着扫、斜着扫都能扫出来呢? 这是因为定位探测图形包括三个相同的位置探测图形,分别位于符号的左上角、右上角和左下角。每个位置探测图形可以看作是由3个重叠的同心的正方形组成的,它们分别为7×7个深色模块、5×5个浅色模块和3×3个深色模块。三个位置的探测图形正好可以组合定位并识别二维码,确定一个正方形的存在。

符号字符的布置方法,是将整个码字序列视为一个单独的位流,将其(最高位开始)按从右向左,按向上和向下的方向交替地布置于两个模块宽的纵列中,并跳过功能图形占用的区域,在纵列的顶部或底部改变方向,每一位应放在第一个可用的位置。当符号的数据容量不能恰好分为整数个8位符号字符时,要用相应的剩余位填充符号的容量。在进行掩模以前,这些剩余位的值为0。

二维码一共有40种尺寸。官方叫法为版本Version。Version 1是21×21的矩阵，Version 2是25×25的矩阵，Version 3是29×29的尺寸，每增加一个version，就会增加4的尺寸，公式是：$(V-1) \times 4 + 21$（V是版本号）。最高的为Version 40，$(40-1) \times 4+21=177$，所以最高是177×177的正方形，也就是177×177个黑/白方块，一个方块可以表示一个0或者1。

理论上Version 40在内容经过压缩处理后可以存7089个数字，那么$0 \sim 9$组合就有10^{7089}种可能的组合；4296个字母和数字混合字符，那么就有$1.27^{(4296+2)}$种组合；2953个8位字节数据，1817个汉字，那么就有$10^{(1817+5)}$种组合。

二维码有广泛的用途，可以用来记录信息和传递信息，并且具有唯一性。二维码常见的用途有手机支付、信息获取、网站跳转、防伪溯源、会员管理等，其应用在人们生活的方方面面，成为生活中不可获缺的一部分。二维码数量有限，但是根本用不完。二维码的数量分版本：Version 1有21×21个黑白方块，那么就是$2^{(21 \times 21)}$个，转化成科学计数法就是$5.7e+132$个；Version 40有177×177个黑白方块，那么就是$2^{(177 \times 177)}$个，转化成科学计数法就是$9.3e+9430$个。一个二维码用完了，其实下次还能接着用，上面算的所有数据，是指不重复利用的情况下能展示的二维码数量。

三、二维码中的"动态码"和"静态码"

"津门战疫"小程序码是微信专为小程序设计的美化版二维码，采用圆形化发散设计，但和常规方形二维码一样保留关键信息。"津门战疫"小程序码和三色健康码有个很大的区别——"津门战疫"小程序码是静态码，三色健康码是动态码。那么静态码和动态码的区别是什么呢？

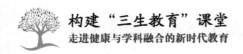

区别一：意义不同。静态码一般为一个商户拥有一个固定的收款码，例如某某公司等，没有回调。动态码的话是获取url自动生成的码，经过处理之后有回调的信息。

区别二：失效时间不同。静态二维码不会失效，而动态码一般在5分钟的时间内要是不使用的话，就会失效。

区别三：动态二维码生成之后，可以随时更改二维码背后的各种信息，无需对二维码进行重新打印或生成，只要进行改动并保存，二维码就可以自动更新，再次扫描就可获得新的内容。静态二维码生成之后则再也不能被改变。

区别四：生成的每个动态二维码都可以在后台看到详细而实时的扫描数据：如扫描时间、扫描地点、扫描设备、扫描量等。静态二维码没有任何扫描数据。

四、二维码的安全与未来

二维码虽然方便快捷，但应用在移动支付上时，并非是绝对安全。曾经就有顾客在吃饭的时候把点餐二维码晒到微信群里，结果没点过的菜源源不断地被端上餐桌，最终消费了400多万的奇闻。但固然有不少问题，在新的编码技术成熟之前，二维码依旧会应用在我们的生活之中，大家需要在保证安全的情况下使用二维码。

二维码产业的国际性大会——"2019国际二维码产业发展大会"在广东佛山成功举办。中、美、法、德、日、俄等14个国家的机构代表一致同意正式成立国际二维码产业合作组织筹备委员会，推动二维码国际标准体系建立。

目前，随着支付宝、微信这两大第三方移动支付平台的发展带动下，全球其他地区二维码产业链也在加速形成，二维码在全球范围内发展呈现出三大趋势：

技术发展迅速：码制技术、编码技术、存储技术、识读解析等技术取向成熟稳定并多样化，目前全球二维码的种类有200多种。

应用广泛深入：除了移动支付、宣传等比较成熟的领域之外，二维码正成为新的物品识别技术、移动互联入口和贸易流通结算载体，且随着工业互联网、物联网、大数据等网络科技的发展，其必然渗透到我们工作和生活的方方面面。

各国标准冲突，急需统一：之前各国都是发展各自的二维码标准，而随着二维码应用跨越国界，各国标准需要互通。

【设计意图】

随着互联网和智能手机的广泛应用，二维码已经来到大众视野中，成为日常生活中随处可见、不可或缺的一部分。本课以"二维码的诞生—形成—安全与未来"为主线展开课程，让学生在认识、了解二维码的过程中获取更多的信息，体会技术学科中的"是什么、为什么、怎么做"。

笔者带领学生从具体事例了解二维码的诞生。学生都知道条形码，可不知道条形码又叫一维码，更加不知道其对世界的改变有多大。笔者通过条形码的缺点引出二维码，并展示二维码的优点。

笔者分情况讲解二维码的原理及特点。首先，讲解二维码形成的基本原理。先让学生了解二维码的概念，明白常见二维码为什么是黑白格。接下来使学生认识到，人类可识别的字符都是通过一种字符集将字符映射成十进制数字，然后通过十进制转换为二进制。同样，二维码可以根据自己定义的编码规则和字符集，将这些字符转换为二进制，并且利用黑白方块来存储二进制。笔者通过设问，引导学生进入深层探究。通过数据计算的方式，使学生了解二维码的尺

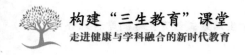
寸、容量（也就是组合方式）、数量，并让学生理解虽然二维码数量有限，但是根本用不完。二维码有广泛的用途，成为生活中不可获缺的一部分。

笔者通过实际案例，向学生介绍二维码的安全性，以及如何使用才能保证安全。最后，通过国际社会对二维码的使用情况，展望未来全球二维码的发展趋势。

第六章
基于生活能力教育主题的学科融合

离开劳动，不可能有真正的教育。生活能力教育是素质教育的重要内容，是立德树人的重要渠道，是培养广大青少年的实践能力、创新精神和社会责任感的重要方式。天津市第五中学多措并举，探索并构建灵活多样的劳动教育实践课程。教师们带领学生开展生动有趣的实验，以动手实践的形式，探究蕴含在家庭实验中的学科知识，通过知识与实践的碰撞，使学生养成良好的劳动习惯，形成自觉实践、勇于创造的精神，为学生终身发展奠基。

病毒的有效消毒方式

■ 刘　畅

"天津市重大突发公共卫生事件应急响应级别由一级调整为二级""天津市中学非毕业年级、小学高毕业年级确定5月18日开学"……随着一条条振奋人心的消息传来，居家学习的我们终于能够回归校园了。大家对这来势汹汹的新冠肺炎疫情了解多少？我们又将如何安全地进行学习生活呢？让我们共同来了解疫情防控的那些事儿，希望同学们能够从中掌握一些知识，提升自我保护意识。

一、新型冠状病毒简介

新型冠状病毒肺炎（COVID－19）简称"新冠肺炎"。冠状病毒粒子呈不规则形状，直径约60～220nm。冠状病毒粒子外包着脂肪膜，脂肪膜表面有三种糖蛋白。冠状病毒的核酸为非节段单链RNA。

二、新型冠状病毒的传播途径

新冠肺炎传播途径主要为直接传播和接触传播。直接传播是指患者喷嚏、咳嗽、说话的飞沫、呼出的气体近距离直接吸入导致的感染；接触传播是指含有

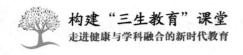

病毒的飞沫沉积在物品表面,接触污染手后,再接触口腔、鼻腔、眼睛等黏膜,导致感染。

三、有效的消毒方式

新型冠状病毒消毒主要是攻击其蛋白质和油脂构成的外壳,人们主要依靠物理、化学和生物的方法杀灭病原微生物。消毒的目的是预防和控制传染病的发生、传播和蔓延。

（一）物品消毒：100℃的热水煮15分钟

高温会使蛋白质变性,病毒核酸解链、降解,蛋白和核酸的变性和失活意味着病毒的死亡。

（二）皮肤消毒

皮肤消毒可用洗手液、酒精干洗液、75%的乙醇、0.5%的碘伏、3%的过氧化氢、0.3%～0.5%的高锰酸钾溶液。

70%～75%的酒精可以用于消毒的主要原因是酒精靠渗透压进入细胞内部使蛋白质变性。过高浓度的酒精会在细菌表面形成一层保护膜,难以将细菌彻底杀死。若酒精浓度过低,则不能使细菌体内的蛋白质凝固,同样也不能将细菌彻底杀死。75%的酒精消毒效果最好。但酒精不能大量喷洒在婴幼儿和成人身体上,使用时应该注意防止酒精过敏,注意明火,防止火灾。

碘伏、过氧化氢和高锰酸钾消毒的原理是其具有强氧化性。通过氧化细胞原浆蛋白的活性基团,并与氨基结合,使病原体氨基酸和酶变性。强氧化性可以使细菌的蛋白质变性,起到杀菌的作用,从而使其失去传染性。

（三）环境消毒：84消毒液、漂白粉、含氯泡腾片、0.2%～0.5%的过氧乙酸溶液

在日常生活中，84消毒液、漂白粉、含氯消毒粉或含氯泡腾片等都属于含氯消毒剂，直接稀释后装在塑料容器里可以进行消毒、杀菌。其消毒原理如下：

消毒液有效成分为次氯酸钠，开瓶遇到水会生成次氯酸；次氯酸可直接作用于菌体蛋白质，次氯酸也可见光分解，生成的盐酸可以侵蚀细菌，同时也能与次氯酸继续发生可逆反应；产生的氯气可直接作用于菌体蛋白质。

含氯消毒剂一定要避免和酸性物质混用，例如84消毒液和洁厕灵。混用不仅会降低消毒效果，更会快速产生次氯酸，分解生成有害物质。由于含氯消毒剂刺激性比较强，在使用时一定要注意避开皮肤和口、鼻。

过氧化物类消毒剂和前文提到的高锰酸钾、过氧化氢类似，都具有强氧化性。例如二氧化氯、过氧化氢、过氧乙酸，一定要在稀释后使用。

疫情不是第一次发生，也不会是最后一次，它会伴随整个人类社会的发展。人类对它的认识在不断深入，应对的策略也将趋于完善。全国人民众志成城，充分调动社会资源，共克时艰。"多难兴邦"是时代教育青年的生动教材，面对新冠肺炎疫情的挑战，我们一定要牺牲小我，奉献大我，少一些抱怨，多一些担当，少一些冲动，多一些冷静，少一些懒惰，多一些担当，向榜样学习，以青春献给祖国彰显家国情怀，传递青春正能量，争做时代先锋，努力成长为能够担当民族复兴大任的新时代青年。

【设计意图】

2020年新年，因为新冠肺炎疫情，原定的开学时间被推迟，举国上下的学子

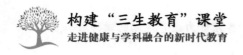
共同居家学习。"怎么学习?""在家能否保证学习效率?"等一系列问题,成为师生共同的挑战。天津市第五中学认真领会"停课不停学"的指导思想,号召全校教师利用自身学科的优势,积极探讨疫情与学科之间的联系,就事论事,以事学识,最终整理出系列文章,用这种特殊的方式,引导学生多角度认识新冠肺炎,科学了解疫情。

化学学科核心素养包括宏观辨识与微观探析、变化观念与平衡思想、证据推理与模型认知、科学探究与创新意识、科学态度与社会责任。本课正是将学生在课堂学到的化学知识和当前的疫情相结合,以培养学生的"科学态度与社会责任"这一核心素养。课程中的学科知识内容包括过氧化氢、酒精、次氯酸等,相关内容充分考虑到初中生和高中生的知识水平,做到初中生看得懂,高中生用得熟。课程伊始对于新型冠状病毒的介绍,更是从化学的角度来分析粒子模型,做到化学与生物学科间的融合。学习并不是知识点与知识点的简单堆砌,而是知识网与知识网之间建立有效连接。以消毒方式作为专题探究切入点,更有利于学生感知生活中的化学,了解我们身边的科学知识。

通过本课的学习,能使学生把化学生活化,逐步培养科学探究与创新意识,对学习的意义有所领悟。

从地理学科的视角看疫情防控

■ 王晓萌

2020年如期到来,新冠肺炎疫情的暴发改变了人们的生活。疫情防控牵动着每个人的心,和疫情抗争的种种事迹会永远铭刻在人们的心中。今天我们一起从地理学科的视角分析我国对疫情的防控。

一、疫情快速传播的地理原因

（一）地理位置与疫情的传播

气候、人口流动、商贸、交通等自然因素和社会经济因素都会影响疫情的传播。武汉作为湖北的省会城市,是湖北省的经济和行政中心,交通发达。武汉市在地理位置上具有承接东西、沟通南北、维系四方的作用,所以有"九省通衢"之称,这些都是武汉经济发展、对外交流的有利区位条件。武汉优越的地理位置也成为新冠肺炎疫情快速传播的条件。

（二）人口流动对疫情的影响

人口流动是指因工作、学习、旅游、探亲等原因临时或短期离开原居住地外出活动而不变更户籍的人口移动现象。人口流动影响疫情的扩散方向和范围。武汉是我国中西部地区最大的城市,并且是中国四大科教中心城市之一,经济

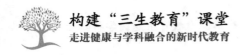

发达,外来人口多。早期新冠肺炎疫情快速传播,与春运期间武汉的大量人口流动密不可分。学生放假、外出务工的工人回家等叠加,人口流动增大。据统计,自2020年1月10日至1月20日,武汉市铁路、公路、航空等交通运输方式共发送旅客409.68万人次,全市公共交通共运送乘客8096.56万人次。在武汉交通停运前,有超过500万人离开武汉前往各地。对此,我国采取居家隔离的措施来减少人口流动,防止疫情传播。

二、火神山医院的选址

武汉火神山医院的建成向世界证明了中国力量和中国速度,这其中还蕴藏着地理智慧。2020年1月24日,火神山医院设计方案完成,2月2日火神山医院交付使用,2月4日开始正式接诊新冠肺炎确诊患者。由于新冠肺炎传染性强,所以火神山医院在选址上非常谨慎。传染病医院应该选址在交通便利、基础设施完善、远离污染源的地区,不宜设在人口密集的居住区与活动区。

从火神山医院选址的区位因素进行分析可知:由于医院需要在短时间内建成完工,需要大量的建筑材料,所以医院选址地要求有便利的交通条件作为为施工人员的进驻和材料的运输作为保障。医院选址要避开自然灾害多发地段,选择地势平坦的区域。武汉地形以平原为主,地势起伏小。新冠肺炎是一种呼吸道疾病,医院应位于最小风频的上风向,对武汉大气污染影响小,远离市中心、居民区等人口密集区。

三、防控疫情背后强大的 GIS 力量

地理信息系统(GIS)是一种特定的十分重要的空间信息系统。其在计算机硬件和软件系统的支持下,对整个或部分地球表层(包括大气层)空间中的有关地理分布数据进行采集、储存、管理、运算、分析、显示和描述。在疫情防控上,GIS可以在空间和时间上对确诊患者和疑似患者及其密切接触者进行追踪标定,辅助有关部门制定相应的防控策略。

GIS在本次新冠肺炎疫情的防控中发挥的作用有:

监测与预测疫情,在疫情的传播过程中,将通过遥感和GPS获取的信息导入GIS软件中,通过操作就可以生成疫情地图,这能够为监测疫情发展提供有力的技术支持。

疫情应急服务,即基于GIS技术的线上平台为公众提供应急社会服务,方便大家及时了解身边的疫情状况。

地理学既可以从自然环境的角度分析自然条件与疫病传播的关系,也可以从人文视角为疫情防控下的应急管理、社会治理等提供决策服务。GIS技术为我们实时监测疫情提供了重要的技术支撑。用地理学科的视角看待生活,就会发现地理学科的美妙。让我们一起用地理智慧来解决生活中的问题!

【设计意图】

传统教学模式"老师站在讲台上讲,学生在下面直接接受老师的知识输出"并不能够适应线上教学。在新的教学模式下,网课对教师的教和学生的学都是很大的挑战,线上教学模式对于学生的自律性和意志力要求很高,有些学生在家学习时,没有家长和老师在旁边监督,就会出现松懈、拖延等情况,对于老师布置的作业不能按时完成甚至找理由不写作业,课上讨论问题或者教师讲解重难点知识时态度不认真。面对这些问题,教师需要根据学生的兴趣点进行有效

备课,将知识与生活密切联系起来,激发学生的学习兴趣。

党的十九大明确提出:"要全面贯彻党的教育方针,落实立德树人根本任务,发展素质教育,推进教育公平,培养德智体美全面发展的社会主义建设者和接班人。"基础教育承载着党的教育方针和教育思想,规定了教育目标和教育内容,是国家意志在教育领域的直接体现,在落实立德树人中发挥着关键作用。地理课程的目的是使学生具备人地协调观、综合思维、区域认知、地理实践力等地理学科核心素养,使学生学会从地理视角认识和欣赏自然与人文环境,懂得人与自然和谐共生的道理。

在新冠肺炎疫情期间,学生居家学习的同时也在时刻关注着疫情的发展。地理学作为一门研究地理环境以及人类活动与地理环境关系的科学,从地理学科的角度分析疫情,能够让学生感受到地理与生活的息息相关。通过让学生运用所学的地理知识分析生活中的地理问题,能够使他们在运用地理知识解决问题的过程中充分认识到生活处处有地理,感受地理的魅力。

本课从地理学科的角度对疫情的蔓延、医院的选址以及疫情防控背后的地理信息系统进行分析,使学生在掌握人文地理知识的同时提升空间觉察能力,掌握"3S"技术的相关知识点,提升地理技术素养。

"宅"家研化学

■ 王亚楠

2020年初,同学们因为疫情的原因居家学习,失去了在实验室亲自动手做实验的机会。但其实只要我们多观察、勤思考、善反思,我们就会发现生活处处皆化学!虽然我们进不了实验室,但是我们可以在家中自制实验装置。今天我们就一起来看看,利用家庭中常见的生活物品都能进行哪些有趣的实验。

一、百见不如实践——玩转家庭小实验

(一)自制简易净水器

家庭实验用品:废塑料瓶1个、蓬松棉、活性炭、鹅卵石、石英砂、纱布、剪刀。

操作步骤:首先,取一个废弃的空塑料瓶,剪去底部,在瓶盖上打几个孔,插入一小段空心塑料管。接下来,将瓶子倒置,瓶内由下向上分层放置洗净的蓬松棉、活性炭、鹅卵石、石英砂,每层材料之间用纱布隔开。简易净水器下方用合适的容器承接滤液,将污水倒入自制净水器中进行过滤,认真观察现象。

(二)魔瓶吞鸡蛋

家庭实验用品:熟鸡蛋、玻璃杯、火柴、纸。

操作步骤:首先,将一个空玻璃瓶平放在桌面上。将熟鸡蛋放在玻璃瓶瓶

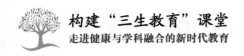
口,轻压鸡蛋,观察鸡蛋是否能掉落在瓶中。接下来,用火柴引燃纸张,将燃烧的纸放入瓶中,迅速将鸡蛋放在瓶口,观察现象。

二、借你一双慧眼——自制化学实验装置

化学是一门以实验为基础的学科。在初中化学学习中,同学们接触到了许多化学仪器与化学实验。虽然在居家学习时期我们没办法进入实验室动手实践,但我们可以在家庭中寻找生活用品来自制实验仪器。家庭中有很多生活用品可以被我们利用,比如我们可以用饮料瓶来充当锥形瓶,用全新的一次性输液管或者一次性吸管来充当导管,用一次性注射器来代替分液漏斗,用药丸包装底板来代替点滴板……

（一）自制制取氧气装置

教材中讲解分解过氧化氢制取氧气时,用到的实验器材有锥形瓶、双孔胶塞、长颈漏斗、导管、集气瓶。在家中,我们可以寻找各种各样的瓶子充当集气瓶,用洗涤剂瓶子的上半部分或者注射器来代替长颈漏斗,用吸管来充当胶皮管。为了保证装置的气密性可以在连接处用胶水做好密封。这样一个自制氧气装置就做好了,是不是很简单呢?

（二）巧制二氧化碳制取与性质探究装置

我们在自制化学仪器时,可以通过很多种渠道获得灵感:比如可以查看一些教辅材料、翻阅一些课外书籍,还可以通过互联网进行查询等。笔者通过阅读学习一篇文章后,动手制作了一个既能够制取二氧化碳,又能够探究二氧化碳性质的仪器。

该仪器分为三部分,一个瓶口稍大的塑料瓶,瓶盖上方有一支注射器,瓶盖

下方有一个注射器的筒管部分,筒管中间打一个小孔。下方的注射器针筒可以通过AB胶固定在瓶盖上。制作二氧化碳的操作流程如下：第一步：在塑料瓶上方的注射器中加入盐酸,把碳酸钠或者碳酸钾粉末从孔中倒入瓶盖下方的注射器筒管中。第二步：在塑料瓶中注入少许澄清石灰水,在筒管孔的上下等距离处用双面胶粘上湿润的紫色石蕊试剂浸泡过的滤纸条。第三步：挤压上方注射器活塞,将盐酸挤入下方针筒中,使两种药品均匀混合,观察实验现象。

实验过程中可观察到如下现象：瓶中澄清的石灰水变浑浊,这说明二氧化碳具有能使澄清石灰水变浑浊的性质。湿润的紫色石蕊试剂浸泡过的滤纸条变红,且孔下方的先变色,上方后变色。这说明二氧化碳能与水反应生成酸,同时能证明二氧化碳的密度比空气大。简单的一个小装置既可以制二氧化碳又能同时验证二氧化碳的多个性质,并且可以进行清洗重复利用,真可谓机关巧妙。

三、"小身材，大智慧"——巧用化学实验仪器

（一）巧物分享：分子间隔演示器

同学们在学习分子性质时,一定做过这样的实验：用量筒量取50mL水和50mL酒精,将二者混合后,观察总体积时会发现量筒的读数小于100mL。该实验说明了分子的性质之一是分子间有间隔。其实对于这个实验,许多同学心中充满疑问,因为观察到的现象不是那么明显。如果在转移液体的过程中出现挂壁现象、所用量筒在制作过程中出现精确度的细微差异,这些都会影响到最终结果。今天,给同学们介绍一个设计巧妙的化学仪器——分子间隔演示器。该仪器构造下宽上窄,实验现象十分明显。在实验时,先在仪器中加入适量水,然

后用胶头滴管向容器中滴加酒精直至0刻度线处（为了便于观察，也可在酒精中滴入一滴红墨水），最后用拇指堵住容器口上下颠倒几次，静止后可以明显观察到液面下降，这样我们就能更直观地理解分子间有间隔这一知识了。

（二）一物多用：小漏斗，大用处

漏斗的种类有很多，如普通漏斗、分液漏斗、长颈漏斗等。我们这里说的是普通漏斗的妙用。一提到漏斗，同学们会马上联想到过滤操作，其实除了过滤时使用漏斗，漏斗在初中化学中还有很多妙用。比如倒扣在水中的漏斗可以防止倒吸，做硫粉在氧气中燃烧的实验时，可以在漏斗内壁放上浸满氢氧化钠溶液的滤纸，在实验过程中把它罩在集气瓶上方，这样既不影响实验效果，又能有效地吸收生成的二氧化硫，防止其污染空气。再比如我们验证二氧化碳性质时所做的阶梯蜡烛实验，为了便于理解实验目的、提高实验成功率，我们可以在低蜡烛一侧放一只漏斗，在漏斗上方倾倒二氧化碳气体，这样实验操作易懂且现象明显……类似的例子还有很多，看似小小的仪器，却充满了大智慧。

化学来源于生活，服务于生活。开展化学家庭小实验不仅能有效缓解同学们的学习压力，寓学于乐，而且也为同学们枯燥的学习生活增加了一抹亮丽的色彩。同学们在平时的生活学习中多观察、多反思，就能发现化学的美好！

【设计意图】

2020年初，学生们居家学习，失去了动手实验的机会。化学是一门以实验为基础的学科，对于刚刚步入化学殿堂的孩子们来说，不能进行化学实验是一件非常遗憾的事情。通过什么样的方式才能让学生有更多的动手进行实验的机会呢？作为化学老师，我们要引导学生多观察、勤思考、善反思，让学生们感受到生活处处皆化学！经过思考,笔者将本课设置成三个板块：

板块一：引导学生进行家庭小实验。利用生活用品我们可以进行许多有趣的家庭小实验。在众多实验中笔者选取了如下两个实验：自制简易净水器和魔瓶吞鸡蛋。原因如下：实验中所涉及的实验用品容易获取,操作简单,危险性小,且两个小实验都与九年级化学知识关系密切：自制简易净水器对应教材中"水的净化"相关内容,魔瓶吞鸡蛋实验对应教材中氧气相关知识。

板块二：引导学生利用生活用品自制实验装置。这样做有以下几点益处：能增加学生动手操作的机会,加强学生学习化学的兴趣。学生在自制实验装置的过程中会加深其对教材中实验装置的理解。学生可以通过多种渠道获得设计灵感,在提高动手能力的同时发展思维。学生们看到通过自己的努力制造出的实验装置后,会增强其学习化学的耐心、恒心和信心。

板块三：与学生分享一些化学仪器的妙用。例如在学习分子间有间隔时,我们可以使用分子间隔演示器进行操作,这样现象明显且便于学生理解。除此之外,许多其他仪器也有妙用,笔者在课程中也只是介绍了漏斗的妙用,其他更多仪器的妙用还有待于学生们自己去探索发现。

教育的根本使命不仅仅是传授知识,更重要的是培养学生思考问题与解决问题的能力。希望通过本课能使学生们在紧张忙碌的学习之余体验化学之美,感受到化学的魅力所在！

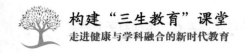
科技战疫情，物含妙理

■ 刘 婵

2020年，新冠肺炎疫情来势汹汹。在以习近平同志为核心的党中央的领导下，我国已经取得了抗击疫情的阶段性胜利，其中科技的力量不容小觑。作为收纳"万物道理"的物理在抗击新冠肺炎疫情中发挥了怎样的作用呢？善于探究周围事物的你，有没有发现额温枪、酒精喷壶、护目镜上的水雾以及运输防控疫情物资的飞机中都蕴含着丰富的物理知识呢？我们快来一起看看吧！

一、红外线额温枪

对大量人员快速测量体温，额温枪功不可没。热力学知识告诉我们，自然界中一切高于绝对零度的物体都在不停向外辐射能量，物体向外辐射能量的大小及其按波长的分布与它的表面温度有着十分密切的关系，物体的温度越高，所发出的红外辐射能力越强。大家经常使用到的额温枪等红外测温仪器是在以普朗克黑体辐射定的理论支持之下，通过对一定范围内人体自身辐射的红外能量进行测量，而后经过红外温度传感器转换成被测量者的体温，这一过程中应用到的物理知识十分丰富。其实除了额温枪之外，大家在学校门口看到的"大家伙"红外测温门也是运用了一样的工作原理，而红外测温门的感应程度会更加灵敏。

二、酒精喷壶

我们普通家庭一般将酒精灌入喷壶中，制作成酒精喷壶消毒。为什么酒精喷壶在使用时需要按压很多次才会喷出酒精？酒精喷壶的喷嘴为何设计得非常细小呢？

其实这里主要是用到了压强原理：当我们松开手柄时，喷嘴内的气压快速下降，外界空气通过喷嘴的进气孔进入喷壶中，增加了壶内气压。由于压强差，少量酒精压入喷嘴结构内的储水槽内。随后，我们用力去压手柄，就会将出水槽内的酒精通过喷嘴喷出，松开后又进行下一个循环。大家肯定会发现，有的时候，我们按压好几次都无法将酒精喷出，那是因为随着壶内酒精越来越少，导致瓶内气压越来越小，当压强差满足不了喷出条件时就会出现酒精无法喷出的情况。这时我们只需要将喷嘴拧下，恢复瓶内气压就可以继续使用了。由压强计算公式可知，在压力一定的情况下，受力面积越小，压强越大，因此喷壶的喷嘴设计的都是非常细小的孔。

三、护目镜上的水雾

医护人员在给新冠肺炎患者看病时，需要穿着防护服。我们经常会看到护目镜的位置有很多水雾，这是什么原因造成的？

医用防护服一般是密闭的，这样才能防止医生感染。在密闭的环境中，医生呼吸产生的热量和运动后身体产生的热量导致防护服里面温度升高，水蒸气在遇到冷的护目镜镜片时发生液化现象，成为镜片上的水雾。不过我们也可以用一些小办法来防止护目镜上起雾。首先在护目镜内侧涂上少许洗手液，用纸

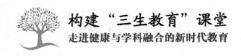

巾擦拭均匀，然后再涂上快速手消毒凝胶，最后再用纸巾擦拭一下就行了。如果没有快速手消毒凝胶，在涂了洗手液之后喷75%的酒精晾干效果也是一样的。这样既可以给护目镜消毒，又可以防止起雾。

四、运输机

为让疫情防控物资快速送达目的地，我国最新自主研制的大型喷气式运输机运出动，为疫区输运物资。这些巨大的运输飞机都是依据什么原理来实现起飞和降落的呢？

1726年，伯努利通过无数次实验，发现了"边界层表面效应"：流体速度加快时，物体与流体接触的界面上的压力会减小，反之压力会增加。我们也将"边界层表面效应"称之为"伯努利效应"。伯努利方程反映了流体的压强与流速的关系：流体的流速越大，压强越小；流体的流速越小，压强越大。仔细观察运输机双翼我们便能够发现，机翼上表面和下表面相比，上表面存在一定的坡度，这样做其实是为了增大风流过机翼的距离，相同时间内，机翼上表面风速要大于下表面，最终使下表面压力大于上表面，形成向上的推力。这样巨大的飞机就能借助气流在机翼上下表面形成的压力差灵活起飞。

我国应对疫情的卓越表现，使我们看到了祖国科技水平和制造业水平的快速提升。青年是祖国的未来，制造业是祖国发展的基础。作为中学生，刻苦学习，多加探索，才能够为社会进步贡献更多的力量。

【设计意图】

新冠肺炎疫情来势汹汹，为更好地阻断疫情传播，保护人民的身体健康，全国人民在危难时刻挺身而出、英勇奋斗、扎实工作，以一腔热血和无私奉献，同时间赛跑、与病魔较量，在职守和执着中书写着初心与使命。从这些防控疫情的经历中，我们可以挖掘出很多的学科知识和思想品德教育内容。

作为一名初中物理老师，笔者深知物理学科的特色就是"包罗万象"，生活中随意一个小现象可能就蕴含了大量的物理知识。但物理学科的逻辑性、严谨性也使很多学生对物理望而却步。如何才能做到寓教于乐，借助新冠肺炎疫情防控期间的事例向学生传授物理知识、进行思想品德教育，调动学生学习物理的兴趣？笔者时刻关注疫情防控期间的各种信息，对其中应用到的物理知识尤为注意，并从中抽选了四个典型素材作为切入点，将物理学科思想由浅入深地贯穿其中。

文章涉及的四个主要物理现象是按照学生们近期接触程度由多到少排序的。这四个问题涉及物理领域中的力学、热学、电学、光学等多方面知识，其中应用到的压强、流体压强、红外线、物态变化等原理更是与人们生活息息相关。通过直白言语的讲述，相信定能让学生们将其中原理内化于心，对于物理知识有更高要求的人们也会从中发现一些深层知识。学生们在学习知识的同时也能体会到科技的发达，感悟到在这场看不见硝烟的疫情阻击战中，人民群众是如何克服重重险阻，攻坚克难，战胜病毒，走向最终胜利的。

笔者虽不能像白衣天使一样救死扶伤，奋战在抗"疫"一线，但也有自己的"一线"需要坚守，那就是教书育人，让学生们更好地做到"停课不停学"。"兴趣是学生最好的老师"，笔者希望能从身边事物入手，调动学生探究知识的积极性，从而坚定学习物理的信心。作为教师，我们要树立终身学习的信念，立德树人，教书育人，打好我们的攻坚战！

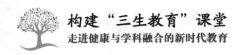

抗"疫"中品"酒"

■ 施香君

提到"酒",大家能想到什么呢？一种特殊的饮料？一种清洁燃料？一种日用消毒剂？酒在我们生活中的用途不胜枚举。从化学角度看，酒的主要成分是酒精，即乙醇，它独特的羟基结构使其能与水分子形成氢键，从而能够与水以任意比例互溶，配制成不同浓度的溶液。新型冠状病毒怕酒精、不耐高温，那么酒精为什么能杀菌消毒呢？

一、如何用酒预防新冠肺炎

（一）医用酒精为什么能杀菌消毒？

新冠肺炎的罪魁祸首——新型冠状病毒属于冠状病毒家族。冠状病毒粒子外包含着磷脂膜，膜表面具有蛋白质成分，磷脂膜包裹着病毒内部的核酸（RNA）。简单来说，冠状病毒是由蛋白质外膜和内部的RNA组成。酒精能杀灭病毒的原因在于：酒精可以溶解冠状病毒的磷脂膜；酒精溶液中含有氢键，氢键会破坏蛋白质结构，造成蛋白质变性。病毒的外壳由多种蛋白质构成，变性后的蛋白质无法完成相应功能，即丧失感染能力。

那么是不是酒精浓度越高，消毒就越彻底呢？高浓度酒精会造成蛋白质快速变性,使病毒表面的蛋白质首先变性凝固,形成一层坚固的薄膜,这样酒精反而不能很好地渗入病毒内部,从而影响其杀死病毒的能力。常见的医用酒精体积分数为75%,它与病毒的渗透压相近,可以在病毒表面的蛋白质没有完全变性前不断地向病毒体内渗入,使病毒的所有蛋白变性,最终杀死病毒。但酒精浓度低于75%时,由于渗透性降低,就会影响其杀死病毒的能力。这就是我们在药店买到的医用酒精浓度为75%的原因。

（二）喝酒是否能够杀菌消毒、预防新冠肺炎?

这要从乙醇进入人体内所发生的一系列化学变化说起。喝酒后,乙醇不需要消化而直接能被人体内吸收,而肝脏是乙醇代谢的重要器官。人体肝脏中分布着大量乙醇脱氢酶(简称ADH)。辅酶I氧化还原酶为含锌元素的金属酶。它可以催化乙醇形成乙醛这一可逆反应。由于乙醇中具备独特的羟基结构,在化学转化过程中,羟基中的氧氢共价键与亚甲基—CH2—中的碳氢共价键同时断裂,碳原子与氧原子再次共用一对电子,形成了碳氧双键,即产生新物质——乙醛。接下来,乙醛在乙醛脱氢酶和肝脏P450酶的共同作用下继续脱氢形成乙酸,最终以二氧化碳和水的形式随汗液或尿液等排出体外。纵观整个流程,乙醇仅仅是发生了一系列代谢反应,而并没有令蛋白质变性,所以喝酒和杀灭病毒、预防新冠肺炎几乎是没有联系的。饮酒过多,乙醇会刺激消化道黏膜,消灭胃肠中的一些有益菌,对人体产生极大危害。

（三）家庭如何自制医用酒精

医用酒精脱销,在药店里买不到的话,如何自己在家自制呢? 根据医用酒精中乙醇和水的体积比约3:1这一数据,最简单的方法是取500ml规格的96°的生命之水三瓶,配上500ml纯净水1瓶,即可快速获得足够多的75%医用酒精。

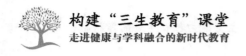

当然如果家中有烘焙用量杯的话，还能利用杯上的刻度，按3:1的乙醇和水的体积比，就可准确配制少量医用酒精。

二、如何健康饮酒

（一）饮用酒的度数

酒的度数又称"酒精度"，指的是酒中含乙醇的体积百分比，通常酒的度数是以20℃时的乙醇体积比表示的，如50°的酒，表示在100毫升酒中，含有乙醇50毫升。酒精度一般是以容量来计算的，故在酒精浓度后，会加上"Vol."以示与重量计算之区分。

（二）饮用白酒的酿造方式

相传杜康为酿酒鼻祖，《世本》有"少康作秫酒"的记载，而秫酒是如何制作的，我们现在已难以考证。但后来劳动人民观察到"有饭不尽，委之空桑，郁结成味，久蓄气芳"，从而悟出谷物可造酒的道理。随着人类社会的发展，酿酒技术趋于成熟。无论是杀菌消毒所使用的医用酒精，还是日常饮用的白酒，酒的生产都是采用淀粉类粮食作物，如高粱、大米、玉米等原料，先在酒曲（含酶制剂）的催化作用下将植物中的淀粉转化为葡萄糖，再利用发酵环节，将葡萄糖转化为酒精。然而，靠发酵生产的酒精浓度很低，为了提高酒精含量，一般要进行蒸馏提纯，多次蒸馏提纯获得的乙醇纯度更高，杂质更少。经蒸馏操作后就能获得高度数的酒精——原酒。但是，原酒并不可以直接饮用，而是要经过"陈酿"环节。在陈酿过程中，盛放原酒的器皿吸收水和其他物质，调整酒的成分比例，同时原酒中的乙醇在陈酿时会被氧化形成酸类物质，酸反过来与乙醇作用形成具有香味的酯。所以民间有谚语"酒是陈的香"。最后，用不同等级的酒及各种调味酒按比例进行混合,协调香味,便能勾兑出不同度数、不同口味的白酒。

(三)饮酒后的身体变化

人体处于寒冷的环境时,体表的毛细血管处于收缩状态,体内热量消耗减少。饮酒后,乙醇在人体内代谢产生乙醛和乙酸这些物质可导致血管扩张,这就是部分人饮酒后"红光满面"的原因。血管扩张,血液循环加强,给皮肤带来热量,加之乙醇一系列代谢反应均为放热过程,所以冬日饮酒后,我们会觉得温暖舒展。然而血液循环加强直接带来的结果就是体内热量散失快,当乙醇代谢完毕后,机体会觉得"更加寒冷"。利用运动代替冬日小酌,这样的暖身方式更健康。

三、品味传统文化——识酒

(一)以酒入药的原因

传统中医认为,酒为"百药之长",说明多种中药成分能够溶解在乙醇中,这就是我们所熟知的药酒的产生原因。乙醇分子具有羟基结构,羟基中的氧原子由于电负性大,能够吸引共用电子对,使得乙醇分子整体具有一定的极性,而中药中的一些化学成分,如生物碱、盐类、鞣质、挥发油、有机酸、树脂、糖类及部分色素(如叶绿素、叶黄素)也大多如乙醇一样为极性分子,依据"相似相溶"原理,这些用其他加工方法难以将有效成分析出的药物可借助乙醇的这一特性而提取出来。除此之外,乙醇还有防腐作用,可延缓许多药物的水解,增强药剂的稳定性。

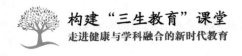
（二）读经典诗词，品诗人和酒之渊源

中华文化中的酒文化绵延千年。清代查为仁在《莲坡诗话》中的那句："书画琴棋诗酒花，当年件件不离它"不仅道出了文人墨客闲适雅致的生活，也揭示了中华民族诗词歌赋中的酒文化。

"人生得意须尽欢，莫使金樽空对月。"得意之时，酒来助兴，显英雄本色。"今宵酒醒何处？杨柳岸晓风残月。"失意之时，酒来遣愁，慰忧郁凄怆。倘若没有酒，诗仙李白又如何表达出"天子呼来不上船，自称臣是酒中仙"的霸气和洒脱？倘若没有酒，千古第一才女李清照又如何抒发出"东篱把酒黄昏后，有暗香盈袖"的思君之情？

诗借酒神采飞扬，酒融诗飘逸醇香。中华古典诗词中的酒文化，延绵不绝，历久弥香，醇厚悠长，滋润着诗人们或豪放、或深沉、或忧伤、或激愤的心。从化学角度上看，酒具有刺激神经系统的作用，能够将诗人带入一种忘我的境界，获得精神上的升华，也许这个时刻正是灵感暴发的良机，这或许是诗人爱饮酒的一大缘故吧。

但是饮酒过多必然会对人体带来一定的伤害，前文提到过，肝脏是人体内乙醇主要代谢器官，酗酒必然会让肝脏始终处于"解毒"的"工作状态"，加之乙醇代谢的中间产物——乙醛具有毒性，长此酗酒必然会导致肝脏超负荷运转、肝功能受损甚至是肝中毒，导致人体免疫力下降。近年来，相关科学研究也表明：长期酗酒会影响人体内的一种关键的线粒体蛋白，从而导致线粒体无法自我修复，并损害肌肉的再生能力。总之，诗词绝美，要用心品读，美酒虽好，绝不可贪杯！

【设计意图】

2020年，一场突如其来的新冠肺炎疫情使得"勤洗手""戴口罩""不去人员密集的地方""用酒精消毒"等成为我们日常生活中最为常见的自我防护手段。这其中，"用酒精消毒"作为一种常见的有效消毒方式，在疫情发生初期引发了酒精抢购潮，各大药店医用酒精脱销。了解酒精的性质，把握酒精消毒原理，知道酒精的用途，利用好酒精是十分必要的。

从化学学科的角度来看，物质的结构决定其性质，物质的性质反映其用途。酒精，即乙醇，为什么能消毒呢？这必须得从它自身的分子结构角度去探索。乙醇溶液中含有氢键，氢键会破坏蛋白质结构，造成蛋白质变性，病毒的外壳由多种蛋白质构成，变性后的蛋白质无法完成相应功能，即丧失感染能力。"氢键"结构属于化学分子结构范畴，"蛋白质变性"又属于生物学科领域，两个学科领域融合在一起，为学生解释了生活中酒精消毒的原理。

乙醇分子含羟基结构，能够与水分子之间形成氢键，这也解释了为什么乙醇可以和水以任意比例互溶。当买不到酒精怎么办？了解了医用酒精的成分和比例，我们在家也可以自制酒精。医用酒精所谓的75%指的是溶液的体积分数，即乙醇部分占四分之三，水的部分占四分之一，按照该比例指导学生在家自制医用酒精，能够为日常家居消毒提供保障。

新冠肺炎疫情期间，笔者所教的高一年级学生恰好学到了有机化学知识，其中有一个重点的学习内容——乙醇的催化氧化：乙醇中含有羟基，在氧气的作用下，羟基氢原子和与羟基直接相连的碳上的氢原子会脱去，与氧原子结合生成水分子，最终乙醇生成了乙醛。在讲授了乙醇催化氧化的机理后，笔者把

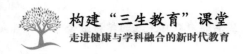

饮酒后乙醇在人体内的一系列变化过程介绍给学生,学生从中了解到肝脏是人体内代谢乙醇的主要器官,乙醇在人体内代谢过程中会产生乙醛,乙醛有毒,这就解释了为什么肝脏是人体内的解毒器官,为什么许多长期酗酒的人会得肝脏疾病。学生在学习乙醇催化氧化的机理时,也能够理解生活中的一些常见问题。

近年来,高考越发突出强调中华民族的优秀传统文化。所以,笔者将中国特有的酿酒文化、药酒文化、诗歌与酒文化加入云课堂,把萃取、蒸馏等实验原理以及传统诗词歌赋融入学生品读酒文化的过程中。笔者从化学知识入手,让学生在学习的过程中,认识到自己所学的知识在生活中大有用武之地,感觉到学科之间的相通之处,在单一的线上学习中,增加了知识的趣味性。

后记

　　在天津市红桥区教育局领导的关怀指导下，在天津市第五中学全校师生的共同努力下，《构建"三生教育"课堂：走进健康与学科融合的新时代教育》一书与大家见面了。

　　2020年伊始，在天津市"停课不停学"总动员下，天津市第五中学成立专项工作小组，以立德树人为本，精心部署疫情防控工作，各部门、各教师齐心协力开展网络教学，共同参与搭建"三生教育"课堂。为确保教学质量和课堂体验，学校充分挖掘现实素材，将学科知识与"三生教育"相结合，建构主题化、生活化、趣味化的"三生教育"课堂体系，取得了较为丰富的实践成果。

　　本书记录了天津市第五中学在"停课不停学"背景下，协同共建"三生教育"云课堂的宝贵经验，凝聚了全校教师潜心研究、谆谆育人的点滴心血，留下了学生成长前行的足迹。全书分为"基于生命尊重教育主题的学科融合""基于生命升华教育主题的学科融合""基于生存态度教育主题的学科融合""基于生存经验教育主题的学科融合""基于生活方式教育主题的学科融合""基于生活能力教育主题的学科融合"六个章节，引导学生走近"三生教育"课堂，了解科学、专业的疫情防控知识，感知蕴含其中的人文底蕴、学科素养和思维品质，

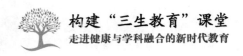
构建"三生教育"课堂
走进健康与学科融合的新时代教育

加强爱国主义教育、身心健康教育和劳动品格教育，深入推进课程改革，落实核心素养教育，全方位、多维度地培育时代新人。

由于本书出版时间紧、任务重，学校的各位老师投入了大量精力和时间搜集材料，整理教学设计方案，总结教学实践经验，为本书的出版付出了艰辛劳动，在此我们表示感谢。由于时间紧迫，书中的疏漏与错误在所难免，敬请广大读者批评指正。同时，本书的出版得到了天津市人民政府督学陈自鹏博士的大力支持，在此一并表示感谢，也期待本书的出版能够引起对"三生教育"相关工作的进一步关注和深入探讨。

编　者

2020年7月